LE PLAISIR

ET

L'AMOUR

J. Claye, imprimeur
S. Benoit 7, à Paris

CH. MONSELET.

SARTORIUS Ed r d: Seine . 2 . Paris

CHARLES MONSELET

LE PLAISIR

ET

L'AMOUR

Des volumes de poésie, avec le
portrait de l'auteur en lunettes? Mais
ça ne s'achète pas, ces choses-là !

HENRY MURGER. *Scènes de la Bohême.*

PARIS

FERD. SARTORIUS, LIBRAIRE-ÉDITEUR

27, RUE DE SEINE, 27

1865

PRÉFACE

PRÉFACE.

On m'a demandé, l'autre jour,
Dix lignes de biographie
Au bas de ma photographie;
Le vilain mot! le vilain tour!

Les voici : la ville de Nantes,
A qui je n'en saurais vouloir,
M'a vu naître, sans s'émouvoir
De mes facultés étonnantes.

Et puis, je suis devenu grand.
J'ai, sans paraître téméraire,
Juste la taille militaire;
Mais en largeur c'est différent.

Mon histoire est assez banale,
Car c'est l'histoire de tous ceux
Qui prennent pour la capitale
Un passe-port de paresseux.

L'amour m'a touché de son aile
A l'heure ordinaire; et j'ai su
Comme on triomphe d'une « belle »
Et comme on l'aime — a son insu.

J'aurais pu souffrir davantage;
Mais, de bonne heure, plein d'orgueil,
J'eus toujours le rare courage
De cacher les pleurs de mon œil.

Le principal étant de vivre,
Fidèle au : « Tel père, tel fils, »
Ma ressource devint le livre;
Mon père en vendait, — moi, j'en fis.

Ma verve fut vite étouffée
Sous le journal, rude fardeau;

La servante chassa la fée;
L'article tua le rondeau.

Quinze ans d'un pareil exercice
Ne m'ont laissé que — la malice.
Je suis par la prose envahi;
D'autres disent : — et par l'Aï.

Entre les noms dont se contente
Avec grand'peine maint rimeur,
Il n'en est qu'un seul qui me tente :
Poëte de la bonne humeur.

Cela me suffit. Desbarrolle
A lu dans ma main, cet été,
Quatre-vingt-dix ans de gaieté;
Je veux l'en croire sur parole.

LE MÉDOC

LE MÉDOC.

POËME.

I

Le pays de Médoc, c'est la verte oasis
Qui s'élève au milieu des landes de Gascogne ;
Elle a des bois épais et des étangs fleuris,
Et des nappes de vigne aux sentiers infinis,
Belles à réjouir le poëte et l'ivrogne.

Elle repose et tremble entre deux vastes eaux ;
L'Océan la dévore et le fleuve la berce ;
La Garonne l'endort au chant de ses roseaux ;
De son pied irrité la mer la bouleverse
Et change tous les jours ses dunes en tombeaux.

Le Médoc est charmant, il réjouit la vue :
J'aime ses bourgs ombreux dans l'horizon noyés,
Ses brouillards du matin et ses bas-fonds rayés,
Ses pins toujours tremblants que traverse la nue,
Ses innombrables ceps qui croissent par milliers,
Comme au pays normand font les petits pommiers.
L'âge d'or dans son sein a renoué la trame
Des anciens jours de paix, de labeur et de foi ;
Ses clochers ont des sons qui vont remuer l'âme ;
On y croit aux sorciers, on adore le roi.
Ce ne sont, au soleil, que joyeuses familles,
Jeunes femmes, enfants, brunes et fortes filles
Dans les sillons rougis suivant les chariots ;
Alertes compagnons aiguillonnant l'allure
Des grands bœufs mugissants, qui portent pour parure
Des grappes à leur tête en guise de grelots.
Ce ne sont tous les jours que danses et délires,
Que chansons appelant un chœur d'éclats de rires,
Un tableau rencontré de Léopold Robert !

C'est le pays fertile. Alentour, le désert.
Alentour, l'étendue immobile et brûlante,

La terre qui se tait quand la lumière chante,

Le néant qui fait peur à l'âme et peur aux yeux.

Alentour, la misère et sa nudité pâle ;

Le hâve paysan, frileux et souffreteux,

Hissé sur ses grands bois, avec son chien honteux,

Pourchassant en silence un noir troupeau qui râle ;

Le pêcheur dont on voit le talon s'essayer

Sur le sable endormi qui peut se réveiller...

Un jour sera, dit-on, où le vieux dieu Neptune

Cessera de briser ses leviers souverains

Et d'ébrécher son sceptre aux cailloux de la dune.

Jadis il a juré, par sa barbe aux longs crins,

Qu'il viendrait engloutir le Médoc, à la lune,

Avec tous ses tritons et ses vassaux marins !

II

Près du fleuve gascon, urne aux ondes moqueuses,
Entre Dignac, Loirac, Queyrac, Seurac, Cyvrac,
Au milieu des grands crus et des villas fameuses,
S'égare en vingt détours le bourg de Valeyrac.

De loin, on le pressent à ses plaines bénies,
A ses oiseaux bavards, à ses poudreux buissons,
A sa blanche fumée aux torsades bleuies.
C'est ce riant hameau que tous nous connaissons :
Les meules de foin vert à l'horizon groupées,
Les vaches, les canards et les petits garçons;
Des charrettes gisant dans un coin, écloppées;
La place aux huit ormeaux; l'église, vis-à-vis,
Où nous avons, enfants, communié jadis;

Le bois, des deux côtés emprisonnant la vue,

Qui penche, sans un bruit, ses massifs noirs et lourds

Et finit au tournant de la maison prévue,

La maison du berceau qui sait nos heureux jours,

Et les jardins déserts où veillent nos amours!

On était en automne, et, par une embellie,

L'aurore se levait, frissonnante et pâlie;

Ses voiles teints de pourpre échappés à ses doigts

Balançaient vaguement, comme une large écume,

Les coteaux d'orient endormis dans la brume,

Et jetaient cent lueurs aux tuiles des vieux toits.

Tout dans le fond du parc et parmi la grande herbe,

Ils allaient à pas lents, l'un sur l'autre appuyés,

Elle, les yeux baissés, lui, le regard superbe,

A travers la bruyère et les bleuets ployés.

Ses blonds cheveux étaient noués à la Diane,

Un lien de velours en dessinait le tour,

Et leurs anneaux tombant sur sa chair diaphane

Ombrageaient son épaule au limpide contour.

Un ruban qui flottait serrait sa taille fine;

Elle avait mis à nu ses petits bras soyeux;

Et, le long du chemin étroit et sinueux,

Passait et repassait la blanche mousseline,

Entre les arbrisseaux, entre les troncs noueux,

Comme une jeune fée à l'œil qui la devine.

Ces deux amants marchaient et se parlaient si bas,

Que les lézards peureux ne s'en détournaient pas;

Coquelicots et lis saluaient leur passage;

Branches de s'agiter; et, du haut du feuillage

Où d'invisibles nids dérobent leur séjour,

Il leur tombait des chants de bonheur et d'amour!

Mais les parents suivaient. Leur entretien, sans doute,

A ce que je suppose, était moins attachant,

Car ils parlaient très-fort, et, d'instant en instant,

Coupaient par les sentiers pour abréger la route.

On devinait soudain, à les apercevoir,

La mère de Lucien et l'oncle de Nicette :

L'une au maintien pieux, toujours vêtue en noir,

Veuve encore attrayante et de mine discrète;

L'autre, obèse et rougeaud, campagnard enrichi,

Façon de Carabas engraissé par l'ennui.

Ces gens-là possédaient une ancienne futaie,

Séparée autrefois par une vive haie

Où s'épanouissait Avril à son retour,

Et par où les enfants s'entrevirent un jour.

Ils étaient bien petits, la haie était bien close;

« Les paroles passaient, mais c'était peu de chose [1]. »

Mais au printemps prochain, quand les rayons premiers

Revinrent entr'ouvrir les fleurs fraîches écloses,

O bonheur! leurs deux fronts gagnèrent les rosiers,

Et leur premier baiser s'échangea dans les roses.

Lucien partit un jour, sa mère l'ordonna:

Il allait à Paris terminer ses études;

Que de pleurs, de serments, de gages on donna

De part et d'autre! Adieu nos chères solitudes!

Adieu notre Médoc, notre bonheur ancien!

Nos chiffres enlacés sur l'écorce des chênes!

Adieu, jusques au jour des vendanges prochaines!

Nicette soupira tous les jours. — Et Lucien?...

La Fontaine, *Pyrame et Thisbé.*

III

Vingt ans et voir Paris! Fuir la province aimée,
Cette vieille nourrice au front doux et songeur;
Voir derrière ses pas la porte refermée,
Sentir sécher l'adieu sur sa lèvre embaumée,
Et s'en aller où va tout enfant voyageur!
C'est le destin fatal. — Là-bas est la merveille,
Dit une voix trompeuse à qui l'on tend l'oreille.

Lucien connut Paris : et, comme la plupart,
Il se laissa gagner par de vaines chimères,
Qui, la perle aux cheveux et la flamme au regard,
S'en vinrent le chercher, un matin qu'à l'écart
Le souvenir faisait ses heures plus amères.
Il ne posa d'abord qu'un pied indifférent

Dans ce monde joyeux qui le trouva de glace ;
Mais bientôt, — je ne sais quel charme l'attirant —
Il entra tout entier et demanda sa place.

Et ce fut de ce jour qu'à des épines d'or
Il déchira son cœur et perdit la sagesse ;
Et qu'à ce sol étroit attachant son essor,
Il ne s'occupa plus qu'à vieillir sa jeunesse.

Il connut de ce temps la sottise et les mœurs,
Dépouilla désormais ses anciennes humeurs.
Les femmes de toujours, les folles Cydalises,
Dont les jours ne sont rien qu'un vif enivrement,
Salamandres d'amour, de toute flamme éprises,
Passèrent près de lui dans leur essaim charmant ;
Elles ne mettent plus, ainsi que les marquises,
Ces mouches sur le teint qui faisaient l'œil moqueur :
Les mouches d'à présent se portent sur le cœur.
Ce furent celles-là, Lucien, qui te perdirent,
Lorsqu'à ton cou d'enfant elles se suspendirent,
Et que, de tes trésors de tendresse amassés,
Elles t'eurent tout pris, sans t'avoir dit : Assez !

Si bien qu'à la vendange où l'attendait Nicette,

Quand s'en revint Lucien, espéré si longtemps,

Il n'était plus le même, — ô surprise inquiète! —

Il avait vu Paris, il n'avait plus vingt ans.

IV

Allons, les vendangeurs, la cloche vous appelle!
Debout, et travaillez! c'est l'heure du réveil;
L'horizon, que sillonne une jeune étincelle,
S'ouvre comme un cratère et vomit un soleil!

Et tous, dans le hangar où le maître les parque,
Comme un bétail grossier sur la paille étendu,
Hommes, femmes, enfants, — sans donner une marque
De mécontentement, de sommeil suspendu, —
Se lèvent pour avoir le pain qui leur est dû.
Ce sont des paysans aux formes athlétiques,
Taillés sur le patron des montagnards antiques,
Avec des nerfs d'acier et des poitrails velus;
Un sayon en lambeaux couvre à peine leur torse;

Leur chair, comme le buffle, est d'une épaisse écorce,
Et sans crainte de l'air ils pourraient aller nus.

Partons, mes vendangeurs, car le coteau ruisselle ;
Il se dresse éclatant, ses flancs semblent fumer ;
Il gémit sous la vigne : on dirait qu'il recèle
Une haleine puissante et prompte à s'enflammer.
Le cadavre géant de l'antique Cybèle,
Qu'au fond du sol ardent va chercher le rayon,
Se ranime et tressaille ; — aux fentes du sillon
On croirait voir percer le bout de sa mamelle.

On part, musique en tête. On gravit le coteau,
On pose un pied glissant sur le sable qui grince ;
Puis, à chaque sentier, la troupe se fait mince :
Ceux-ci sur le versant, ceux-là sur le plateau
S'égarent à loisir parmi les feuilles vertes ;
La vigne a remué ses branches entr'ouvertes,
Et tous ont disparu comme sous un manteau.

Le bœuf regarde au loin, traînant l'essieu qui crie,
Car la charrette est pleine ; et j'entends le bouvier

Traîner ses sabots lourds sur la terre amollie.

Le chien aboie et court; — on arrive au cuvier.

C'est une cave immense, ou plutôt c'est un antre

Où le vin en courroux monte au nez dès qu'on entre,

Courant des piliers noirs au cintre surbaissé,

— Un temple de Bacchus dans le sable enfoncé. —

Comme un chœur de Titans, là sont d'énormes cuves

Où la liqueur mugit comme dans des étuves.

Douze à quinze garçons, du matin jusqu'au soir,

Nu-jambes et nu-pieds, dansent dans le pressoir.

Une étrange vigueur en leurs veines circule :

On les dirait piqués par une tarentule;

Sous leurs talons nerveux, rouges et ruisselants,

Dans la mare de bois les grappes s'éparpillent;

Les raisins égorgés éclatent et pétillent;

Ils courent éperdus, noyés, demi-saignants;

Toujours monte et descend la brutale cheville,

Le danseur infernal·les brise sans les voir,

La grappe aux longs bras nus comme un serpent sautille;

La boisson turbulente écume, — tourne, — brille,

Et s'égoutte en chantant au fond du réservoir!

V

On n'avait pas encore atteint ces jours d'octobre
Où de bruit et d'éclat la terre se fait sobre.

La chaleur était grande. Au lit de l'occident
Le soleil retrempait son disque fécondant,
Fier encor, rejetant son manteau par derrière
Sur le seuil, où reluit une pourpre dernière,
— Tête sans diadème et lente à s'effacer ; —
Tandis que, dans un coin du ciel lourd de l'automne,
L'autre roi réveillé qui murmure et qui tonne,
La foudre, se rangeait pour le laisser passer !
La prairie arrêtait ses herbes ondoyantes ;
Immobiles, sans bruit, les vagues haletantes
Brûlaient et flamboyaient à ses derniers rayons ;

Et la colline aussi, d'arbres échelonnée,
Et de rouges vapeurs bordée et couronnée,
Dressait ses peupliers en muets bataillons; —
Si qu'un vent étourdi les fouettant de ses ailes
Jaillissaient aussitôt des milliers d'étincelles!

Et le soir s'abaissait. Par la plaine et les monts,
Sous les cieux imprégnés d'une couleur orange,
Il courait en tous lieux une harmonie étrange,
De ces ranz inconnus et doux que nous aimons.
C'étaient des bêlements, des sifflets, des clochettes,
C'étaient des angélus, des grillons, des musettes,
Une hymne sainte et grave, un bruit sévère et lent:
C'était le bruit que fait le jour en s'en allant.

Tout dans le fond du parc, et parmi la grande herbe,
Ils allaient à pas lents, joyeux, — heureux déjà;
Elle, les yeux baissés; lui, le regard superbe,
Comme si rien d'amer n'avait passé par là.
Des bonheurs d'autrefois ils renouaient la gerbe.

Comme on se séparait, Lucien saisit soudain

Une main qu'on laissa reposer dans sa main,

Et puis dit, d'un accent que le regard achève :

« Ce soir, près de l'étang... » Nicette avait frémi;

Sa blanche main s'était retirée à demi,

Et, son œil s'entr'ouvrant comme au milieu d'un rêve,

Elle le regarda. Lucien la salua,

Et d'un air Don Juan à grands pas s'éloigna.

Plus tard, si vous eussiez suivi la sombre allée

Vers la pointe du bourg, au fond de la vallée,

Vous eussiez vu sans doute une ancienne maison,

Noirâtre sous le lierre et de chênes voilée ;

Une croix de Saint-Jean orne son vieux blason;

Elle est haute et bardée en style de prison.

On la dirait déserte. Une seule croisée

Derrière s'ouvre un peu, petite, treillissée,

Des vases sur le bord, penchant sur un bassin.

On entendait alors le son d'un clavecin.

Nicette alla livrer sa tête rose et chaude

Au vent de la croisée; et, le front dans les doigts,

Elle regarda fuir les horizons étroits.

Un ver luisant dardait sa flamme d'émeraude ;
Un vent plaintif courait dans un air vaporeux ;
Un linot réveillé chantait, fermant les yeux ;
Les feuilles bruïssaient, les ronces endormies
S'agitaient comme au pas des gazelles amies.
Sous ces parfums d'amour sa tête s'inclina, —
Quand sept fois lentement la pendule sonna...
Elle eut peur et trembla. La fenêtre fermée,
Elle prit sa mantille et se mit à genoux.
Dans un brun cadre d'or la Vierge bien-aimée
Epanchait sur son front son regard le plus doux.

« Vierge, faut-il aller ce soir au rendez-vous ? »

VI

Sous les sombres tilleuls j'ai vu passer Nicette.
Elle marchait sans bruit et semblait inquiète.
On eût dit que ses pas l'effrayaient, et souvent
Elle se détournait pour écouter le vent.

C'était près de l'étang où se mire, étonnée,
La lune dans les joncs de vapeurs couronnée,
Et qui semble flotter, — fantastique tableau, —
Allongée et plissée à chaque rond de l'eau.

L'heure du rendez-vous était pourtant venue.
Nicette ressentait une peine inconnue,
Et disait fréquemment, cherchant à contenir
Le trouble de son cœur : « Comme il tarde à venir ! »

Puis elle s'asseyait au bord d'un banc de pierre ;

Et, sa main s'en prenant à des touffes de lierre,

Elle les effeuillait, et d'un pied agité

Les enterrait au fond du gazon argenté.

Lucien n'arrivait pas. « O mon Dieu ! disait-elle,

« D'où vient que mon front brûle et que ma foi chancelle ?

« Patience ! sans doute il n'est pas assez tard.

« Il ignore le mal que me fait son retard. »

Elle essayait alors de chasser sa tristesse.

La nuit versait partout une limpide ivresse,

Et les plantes ouvraient à son tiède baiser

Leur sein d'or où la mouche aime à se reposer.

« C'est étrange pourtant, » pensait la jeune fille,

Dont un tressaillement soulevait la mantille ;

« La campagne est ce soir si douce à l'entretien,

« Cette nuit est si belle et rayonne si bien !

« C'est qu'il ne m'aime plus ; et je suis effacée

« De son cœur à présent comme de sa pensée.

« Notre amour a duré notre enfance, c'est tout ;

« Le ciel n'a pas voulu m'entendre jusqu'au bout. »

Et Nice.te penchait, entre ses mains voilée,

Sa jeune tête pâle et toute débouclée.

La brise s'en jouait, et courait par moment

Sous les sombres tilleuls harmonieusement.

Déjà, bande joyeuse! au bas de la vallée,

Les vendangeurs dansaient sous la treille étoilée.

Mais, traversant les prés, la danse et la chanson

Expiraient auprès d'elle ainsi qu'un faible son.

Pourtant, la pauvre enfant, elle espérait sans cesse.

Comme des diamants tombés dans l'herbe épaisse,

Ses pleurs longtemps tenus se répandaient tout bas. —

Elle attendait toujours. — Lucien ne venait pas.

C'est qu'à l'heure où, cédant à sa pensée indigne,

Il accourait vers elle, en traversant la vigne,

Un remords généreux, au détour du chemin,

Comme un ange du ciel l'avait pris par la main.

Tout à coup, du milieu de son insouciance,

S'éleva contre lui sa jeune conscience;

Et, dans la nuit sereine, il se sentit broncher

Lorsqu'il se demanda ce qu'il allait chercher.

Alors il reporta ses regards en arrière;

Sa jeunesse à son cœur remonta tout entière,

Et, retrouvant soudain son amour d'autrefois,

Il s'enfuit en cachant sa tête entre ses doigts.

VII

Un petit cabinet, — nu, — blanc; — une croisée

Ouverte, — un lourd rideau tout trempé de rosée;

Devant un noir pupitre — un jeune homme, — c'est tout.

Au dehors la campagne, et le calme partout.

Il travaille. Un rayon égaré s'éparpille

Dans un coin du plancher dont la poudre scintille;

Une brise suave agite l'air tiédi·

Qu'emplit de son bourdon un frelon étourdi.

L'angelus argentin tinte au fond du village;

Dans un arbre, — à côté, — les oiseaux font tapage.

Il écrit. Son front clair est à demi penché,

Comme fait un poëte à son livre attaché.

C'est Lucien; il écrit une lettre à Nicette,

Une lettre d'excuse et d'amour, ainsi faite :

« Il faut me pardonner, Nicette. Vois-tu bien,

« Au rendez-vous d'hier comme j'allais me rendre,

« Une voix, qui priait, à moi s'est fait entendre.

« Sais-tu? c'était la voix de ton ange gardien.

« Je n'ai pu résister. C'est parce que je t'aime

« Que je suis, ce soir-là, revenu sur mes pas ;

« Cela te semble étrange, et peu croyable même,

« Nicette ; mais un jour tu me pardonneras.

« Ce n'est pas tout, non plus. Ton front égal encore,

« Qu'ont rarement terni de soucieux instants,

« S'éclaire aux blancs rayons d'une durable aurore ;

« Dans ta jeune pensée il est toujours printemps.

« Néanmoins, tu n'es plus une enfant, ma Nicette.

« La beauté de la femme en tes traits se reflète,

« Et celui qui te voit, beau lis épanoui,

« S'arrête, et bien longtemps te regarde, ébloui.

« Or, moi, je suis jaloux de cette candeur sainte,

« Je veux la préserver de toute sombre atteinte,

« Écarter d'alentour tout symptôme alarmant;

« Car c'est mon bien, d'ailleurs, et je veux constamment

« Garder cette beauté sereine et fortunée

« Que te donna le ciel et que tu m'as donnée... »

Lucien s'interrompit. Le vent frais du matin

Soulevait le rideau qui voilait sa fenêtre.

Les exploits des chasseurs s'entendaient au lointain.

Cramponné par dehors, et regardant en traître,

Se penchait dans la chambre un liseron mutin.

Il reprit : « Maintenant, il faut plus de réserve

« Dans nos mystérieux et tendres rendez-vous ;

« — Cela me coûtera — pour que Dieu nous conserve

« Son indulgent regard qui fait les jours plus doux.

« Nicette, il ne faut plus, dans les vastes prairies,

« Ainsi que nous faisions, nous égarer le soir ;

« L'heure est trop dangereuse aux vagues rêveries ;

« Il ne faut plus aller sur le banc nous asseoir.

« Te souvient-il du jour où, sous l'épais ombrage,

« Nous marchions côte à côte, en chemin attardés ?

« Nous voyant seuls tous deux, un homme du village

« Nous a, — se détournant, — plusieurs fois regardés.

« Cela te fit monter la rougeur au visage.

« Il ne faut plus rougir, Nicette ; et, pour cela,

« Il faut être ma femme ; or, mon bonheur est là.

.

« J'ai voulu te parler de la sorte, Nicette,

« J'ai fini. Mon souci, je l'ai dit tout entier,

« Et j'ai laissé tomber mon cœur sur le papier.

« J'ai l'âme maintenant légère et satisfaite ;

« C'est le ciel qui m'a fait cette douce leçon.

« A mes yeux, désormais, la nature est plus belle,

« J'entends passer dans l'air comme un battement d'aile,

« Et l'amour chante en moi sa plus jeune chanson ! »

.

VIII

Dans tous les environs la vendange était faite.

Du bourg de Valeyrac, ce soir, c'était la fête;

Les vendangeurs partaient, on fêtait leur départ.

Adieu, paniers; — dansons et chantons sans retard!

On arrivait déjà d'une lieue à la ronde.

Les hommes avaient mis leur belle veste ronde,

Les femmes avaient mis leur plus rouge jupon;

Et, gravement pimpants et la mine essoufflée,

Ils couraient, car déjà derrière la vallée

On entendait le bruit rauque d'un violon.

Je ne vous dirai pas, — à la façon flamande, —

L'enseigne de l'auberge et la folle guirlande

Que l'on avait ce soir appendue au brandon;

Je ne vous dirai pas les rondes, les quadrilles,

Les buveurs accoudés et les joueurs de quilles;

Je ne vous ferai pas le tour du rigodon.

Ah! parlez-moi plutôt des temps mythologiques

Où le ciel se peuplait de héros et de dieux,

Où le monde passait dans des splendeurs magiques,

Où l'Olympe entr'ouvrait son cycle radieux! —

C'était sur quelque mont solitaire et sauvage,

A l'heure où le soleil déserte le rivage;

On voyait accourir, partis dès le matin,

Les bergers empressés de maint vallon lointain.

Sous l'odorant fardeau des roses d'Idalie

La façade du temple était ensevelie;

Un satyre cornu sculpté sur le fronton,

Aux lèvres un hautbois, riait sous le feston;

Et les nymphes, autour du satyre pressées,

Ployaient sous les raisins leurs têtes renversées.

Est-ce une vision, poëte, où sommes-nous?

Ardente, l'œil pourpré, la bacchanale antique

Se dresse devant moi sous le sacré portique.

Voici le sanctuaire et le peuple à genoux !

Évohé ! Évohé ! quel feu divin m'embrase !

Je sens bouillir mon front sous l'éclair qui le rase ;

Dans le fond de mon cœur je sens gronder ma voix :

Le voile de mes yeux se déchire, et je vois !

En marche ! promenez devant nous les corbeilles !

Que le son des tambours disperse les abeilles !

Et que l'oiseau qui vient picorer le pepin

S'enfuie au vent bruyant de nos branches de pin !

Mêlons à nos cheveux de douces violettes ;

Musiciens, prenez votre casque d'aigrettes,

Et d'une voix unie au mode lydien

Dites-nous les exploits de Bacchus l'Indien !

Allez, versez le miel de la muse lyrique,

Ceignons nos ceinturons et dansons la pyrrhique !

Venez, les Égipans, les Faunes des jardins,

Les Satyres barbus avec vos peaux de daims ;

Venez, les Chèvre-pieds ; accourez, les Bacchides ;

Ajustez vos bandeaux, rattachez vos chlamydes ;

Et dansons! — Ébranlons sous nos pieds la forêt!

Comme déjà le sol tournoie et disparaît!

L'arbre semble alourdi comme un autre Silène;

Brandissons nos roseaux, dansons à perdre haleine!

De notre cercle immense, ardent à fendre l'air,

Embrassons la forêt dans nos anneaux de chair!

Tout fuit autour de nous, mon front vibre et ruisselle.

Dansons! — Hécate luit sur les pâles marais,

Le vent du soir se lève impétueux et frais;

Je vois, je vois là-bas le temple qui chancelle.

Dansons! — Et vous, Cinthie, Euphrosine, Aglaé,

Versez-nous à pleins flots vos brûlantes rasades;

Notre patère est vide, encore, mes Thyades!

Et buvons, et dansons! — Évohé! Évohé!...

IX

Je sais une maison, du côté de Lesparre,
Qu'un fossé seulement de la route sépare.
— On y voit un perron et deux lions devant. —
Seul, à la regarder je m'arrêtais souvent;
Elle a ces volets verts que désirait Jean-Jacques,
Et fleurit d'aubépin son grand portail, à Pâques.

Cet enclos printanier, propice aux heureux jours,
Enferme deux époux que vous savez, — madame.
Ils n'ont plus que la joie et le calme dans l'âme,
Et le ciel a béni leurs charmantes amours.
Tout dans le fond du parc et parmi la grande herbe,
Je les ai vus passer, l'un sur l'autre appuyés,
A travers la bruyère et les bleuets ployés,

Elle, les yeux baissés, lui, le regard superbe.

— Un tout petit enfant se jouait à leurs pieds. —

Quand nous voyagerons, l'été prochain peut-être,

Nous passerons par là; car il faut les connaître.

Lucien est un chasseur habile dans son art,

Et puis un agronome. Il a mainte visite

Pour ses beaux dahlias en serre, que l'on cite.

Nul doute qu'on n'en fasse un préfet, mais plus tard.

Nicette a dix-neuf ans, elle est jolie et belle;

J'ai dansé cet hiver une valse avec elle.

Un procureur du roi se montrait assidu

Sur ses pas; — vous pensez si c'était temps perdu!

Mais me voici, je crois, au bout de mon histoire.

Madame, vous avez fait acte méritoire

En l'écoutant ainsi, les pieds sur les chenets,

Comme s'il s'agissait de deux ou trois sonnets;

Aussi, puisqu'à présent vous n'attendez personne,

Restons encore une heure, et souffrez que je sonne,

Afin que vos laquais, en rallumant le feu,

Apportent vos albums sur la table de jeu.

Et puis nous causerons — près de la cheminée

Qui bourdonne en lançant sa flamme mutinée, —

De tout ce qui n'est pas sérieux ou profond,

De l'amour toujours jeune et des vers qui se font.

TUÉ POUR UNE ROSE

TUÉ POUR UNE ROSE.

DERNIER CONTE ROMANTIQUE.

I

Prenez garde, marquise :
Aux portes de l'église
Le diable vous attend ;
Prenez garde, madame,
Car c'est un voleur d'âme
Comme l'on en voit tant.

Sa mine n'est point fière ;
Il n'a point de rapière
Qui batte ses talons ;

Point de folles dentelles
Qui traînent après elles
Les parfums des salons.

Un pourpoint qui se fane,
Noir comme une soutane,
L'habit d'un bachelier;
Et son livre de messe
Qu'il tient avec tristesse
Auprès du bénitier.

Sur ses tempes d'ivoire
Sa chevelure noire
Se déroule sans art;
Un genou sur la pierre,
Comme un ange en prière,
Il lève son regard.

Rien ne peut le distraire
D'auprès du baptistère,
Ni les fleurs du plafond,
Ni le chant des cantiques,

Ni les douces musiques
Que les sœurs blanches font.

Pourtant, à votre entrée
Bruyante et préparée,
Madame, il s'interrompt;
En frôlant votre frange,
Une rougeur étrange
Monte jusqu'à son front.

Pour vous donner l'eau sainte
Il se lève avec crainte,
Gracieux, incertain;
Il sourit, veut et n'ose,
Et d'un bout de doigt rose
Effleure votre main.

II

Madame, il est une heure
Où, dans votre demeure
Qui s'ouvre pour le bal,
Lorsque la valse ondoie
Avec un bruit de soie
Incessamment égal;

Il est une heure, dis-je,
Où votre œil se dirige
Vers le balcon désert,
Où, fuyant l'air qui brûle,
Vous cherchez la pendule
Au milieu du concert.

Cette atmosphère ardente,

Cette flamme abondante,

Cet éclat dans la nuit,

Ces fleurs que l'on prodigue,

Tout cela vous fatigue.

Et vous remplit d'ennui.

Et vous prêtez l'oreille,

Car, — soudaine merveille, —

On entend au lointain

Comme un bruit de guitare,

Qui passe et qui s'égare,

Et dont le chant s'éteint...

Alors, à la croisée

Nonchalamment posée,

— Le voile soulevé, —

De votre main gantée

Une rose jetée

Tombe sur le pavé.

Au détour de la rue,

Vision apparue,

Tout à coup et sans bruit,

Du pilier qui le cache

Un homme se détache,

La ramasse et s'enfuit.

III

« Holà ! mon jeune maître,
« Vous plairait-il peut-être
« De me faire l'honneur
« De croiser la rapière,
« Si vous n'avez à faire
« Qu'à baiser cette fleur?

« Près l'hôtel de ma femme
« J'ai pour vous une lame,
« Vrai joujou de muguet,
« Qui s'usait sur les pierres,
« Depuis trois nuits entières
« Qu'ici je fais le guet.

« Mon jeune maître, en garde !

« La lune nous regarde

« Avec des yeux tremblants... »

Mais l'amoureux s'arrête

Et détourne la tête :

« Horreur ! des cheveux blancs ! »

« — Est-ce le réverbère

« Qui vous jette en arrière

« Et fait votre stupeur?

« Ah ! dit-il, je devine :

« Visez à la poitrine,

« Si le front vous fait peur ! »

Et le combat s'engage

Furieux, plein de rage ;

Et l'on ne voit bientôt

Que deux éclairs — deux lames,

Deux prunelles — deux flammes,

Deux souffles — pas un mot ;

Deux masses qui s'évitent,

Deux poignets qui s'agitent,

Dont l'un plonge — et revient!

Puis, une chute lourde,

Une prière sourde,

Du sang, — un cri, — puis rien...

IV

Seul, au coin d'une borne,
Don Juan, pâle et morne,
Demeure jusqu'au jour.
Son jeune cœur se navre :
C'est son premier cadavre,
C'est son premier amour.

ENVOI.

A vous ces vers, madame ;
C'est bien frivole, dame !
Mais je les fis pour vous.
Les chansons et les roses,
Ce sont là de ces choses
Qu'on accepte de tous.

C'est un conte d'Espagne,
Qu'à travers la campagne,
Un soir du mois de mai,
Près de votre charmille,
En strophes de Castille
J'ai doucement rimé.

Vous trouverez sans doute,
Si votre esprit l'écoute,
Ce poëme bien vieux.

5.

Mais je m'en vais vous dire,
C'est un dernier sourire
A des jours plus heureux.

Ce sont des bagatelles,
De poudreuses dentelles,
Des haillons éclatants,
Des rimes espagnoles,
Enfin des choses folles,
Des choses de vingt ans!

Mais c'est notre jeunesse,
C'est notre heure d'ivresse;
Et, dans son nom moqueur,
Ce Don Juan résume
Tous nos rêves de plume,
Tous nos rêves de cœur.

Ah! comme je regrette
Ce beau temps du poëte,
Où je crois voir encor,
Comme un conte d'Asie,

Passer la Fantaisie
En manteau brodé d'or!

On avait des alcades
Alors, — des sérénades,
Des perles et du fard,
De belles nuits de joie,
Et des pourpoints de soie
Crevés par le poignard !

On avait des gambades,
Des sauts, des pasquinades,
Des lazzis de tréteau,
Mainte et mainte fadaise
A faire pâmer d'aise
Le Bambocciato !

Autre temps, autre mode;
Hélas! le conte et l'ode
N'ont plus rien que d'urbain.
Pleurons! Adieu, moustaches!
Éperons et panaches,

Retournez chez Babin !

Voilà pourquoi, madame,
Vous me surprîtes, l'âme
Rêveuse, l'autre soir,
Devant des castagnettes
Sur ma table muettes,
Auprès d'un masque noir.

LE MUSICIEN

LE MUSICIEN.

POËME.

I

Dans un quartier extrêmement tranquille,
Au bord de l'eau, près de Saint-Louis-en-l'Ile,
Est, au cinquième, un pauvre appartement
Par le soleil visité rarement.
Rien n'est moins gai que ce froid domicile ;
Le plancher ploie, et le plafond jauni
A des soupirs de vieillesse et d'ennui.
Là, chaque meuble est d'une étrange mode,
D'un siècle éteint pâle et soigneux reflet :
Boule a fourni l'armoire et la commode,

Le Directoire a sculpté le buffet.

Sur le foyer, un miroir de Venise

S'incline encore, à demi détamé,

Devant l'œil bleu d'une ombre de marquise

Qui lui sourit dans son cadre enfumé.

Vers la croisée, au fond d'une bergère,

— Matin et soir, — à l'ombre du rideau,

Est un vieillard qui, d'une main légère,

A son archet fait chanter un rondeau.

Il est petit, de mine guillerette,

Son œil tremblote, — et sa jambe maigrette

Bat la mesure avec précision.

Toute son âme est dans son violon.

Un vieil habit fait d'une étoffe bleue

Grimpe au sommet de son chef dépouillé;

Sur son collet trotte une mince queue

Dans un ruban, lézard entortillé.

Quatre-vingts ans ont rendu respectable

Aux yeux de tous ce pauvre et frêle corps,

D'où la pensée à jamais regrettable

Fuit chaque jour en plus faibles accords.

Un peu plus loin est assise sa fille,
— Vieille déjà, — qui travaille à l'aiguille...

Monsieur Médard est de l'ancien parti
Contre Mozart, Gluck *e tutti quanti;*
L'art actuel n'a plus rien qui l'inspire;
Et, quand Paris court à Donizetti,
Son violon se plaît seul à redire
Les airs charmants d'*Azor* et de *Zémire.*
Il a gardé son culte tout entier
Aux souvenirs du beau siècle dernier;
Et le plaisir dans ses rides se joue
Quand, chevrotant un morceau du *Devin,*
Il se souvient qu'à cet endroit divin
Le grand Rousseau l'a tapé sur la joue. —
Dans ce temps-là, monsieur Médard était
Jeune et fringant, il courait les ruelles.
De l'Opéra, que sans cesse il hantait,
Mieux que personne il savait les nouvelles;
S'il voulait bien, que ne dirait-il pas !
Combien de fois pour mainte peccadille
Il a risqué ses jours à la Bastille !

6

Il disputa, raconte-t-il tout bas,

Un mois entier le cœur d'une chanteuse

A certain duc de maison vaniteuse; —

Et c'étaient-là de ses moindres ébats!

Ce n'était rien pourtant qu'un pauvre diable,

Léger vêtu, qui courait le cachet;

Mais il avait un esprit agréable,

Vingt ans à peine, une mine sortable,

L'œil bien fendu, — puis un bon coup d'archet.

Plus tard, d'ailleurs, il le fit reconnaître :

Son coup d'essai valut un coup de maître.

Il débuta, je crois, dans *le Huron,*

— Pièce en couplets, fort médiocre en somme, —

Par un duo pour flûte et violon,

Qui lui valut, grâce à monsieur Anseaume,

D'être placé dans les *premiers dessus,*

Près du souffleur, au pied de mille écus.

Ce fut alors qu'il épousa sa femme.

Son souvenir lui déchire encor l'âme.

Lui, dont le cœur avait souvent battu,

N'avait jamais osé rêver de vierge
Plus rayonnante en sa jeune vertu.
Elle tenait une petite auberge.
— Avez-vous vu qu'au seuil d'un cabaret
Jamais minois fripon et vin clairet
Dans aucun temps, dans aucune patrie,
Aient laissé froid un fils de Polymnie?
Notre Médard était trop de son temps
Pour dédaigner alors un tel usage :
Chaque bouchon recevait son hommage,
Mais celui-ci rendit ses goûts constants.
On l'y voyait, du soir jusqu'à l'aurore,
Venir gaiment s'accouder, verre en main,
Pour revenir le lendemain encore,
Plus altéré d'amour et de bon vin.
Il l'épousa. — Quarante-cinq années
D'un doux bonheur qui leur furent données
Rouvrent toujours dans le cœur du vieillard
L'amer regret de l'éternel départ.

Ils habitaient tous deux cette chambrette,
Quand de Feydeau l'insolent directeur

Lui fit savoir, comme grande faveur,

Qu'on l'admettait à prendre sa retraite.

Il en tomba malade. Son orgueil

Contre un tel coup se trouva sans défense;

Mais il jura de venger cette offense,

Dût Apollon couvrir son front de deuil. —

Il fut longtemps pensif, acariâtre;

Puis, un matin, pour punir son pays,

Il s'engagea dans un petit théâtre

De pantomime, au faubourg Saint-Denis.

Mais l'énergie en lui s'était usée :

De son talent aucun ne s'aperçut;

Et, quand sa femme en ce temps-là mourut,

Il s'en revint, l'âme à demi brisée,

Finir sa vie où son cœur la connut.

C'est dans ces lieux, — où veille son histoire

En riens charmants inscrits dans mille endroits,

Qu'il a vécu, recueillant sa mémoire,

Entre ces murs aujourd'hui gris et froids;

Tristes de tout le bonheur d'autrefois.

Sa fille coud ; — lui fredonne à voix basse,

Ou quelquefois abandonnant sa place,

Il va chercher, de l'air le plus discret,

Un vieux cahier dans un tiroir secret.

Il en essuie avec soin la poussière,

Avec respect son œil le considère ;

Car c'est son œuvre à lui, — son opéra !

Dans tous les temps il en a fait mystère ;

Après sa mort seulement on l'aura.

C'est là dedans qu'il a mis son génie,

Qu'il a versé sa joie et son regret ;

Il l'a refait quatre fois. Le sujet

En est tiré de la mythologie.

— Aussi faut-il le voir en cet instant,

La main tremblante et le cœur palpitant ;

Comme il le tient afin qu'on ne l'emporte !

Pour un voleur lui-même on le prendrait.

D'un pied furtif il va fermer la porte,

Et, revenant près de son chevalet,

Sur son archet il pose la sourdine,

De peur — qui sait ? — qu'une oreille voisine,

En entendant ces chants venus des cieux,

6.

Ne lui ravisse un bien si précieux!

Ah! ces jours-là, ce sont ses jours de fête!

Monsieur Médard alors n'a plus sa tête;

Et qu'en passant monte, l'après-midi,

Un de ces vieux d'humeur encor follette,

Par le soleil de printemps dégourdi,

En route, allons, — et vive la goguette!

Tous deux s'en vont, l'un sur l'autre appuyés,

Guignant de l'œil la blonde et la brunette,

Cahin-caha, souriants et ployés,

S'entretenant de choses d'amourette.

A la barrière, aux *Amis du Printemps,*

Quand vient le soir, attablés sous la treille,

Chacun demande à la dive bouteille

Une heure encor des rêves de vingt ans.

On cause, on jase, on dit ses escapades;

On se demande avec étonnement

Où sont allés les anciens camarades,

Et l'on se tait mélancoliquement.

Puis vient la nuit tendre ses sombres voiles,

Avec le vent qui souffle aux alentours.

Il faut partir, on sent ses pas moins lourds,

Et l'on revient aux premières étoiles,

En chantonnant tout le long des faubourgs

Quelque refrain égrillard des vieux jours.

Mais en voyant de loin poindre son gîte,

Monsieur Médard sent la peur qui l'agite.

Il se souvient que sa fille l'attend;

Et que sans doute au logis, en rentrant,

Il va trouver un œil froid et sévère,

Comme jadis était l'œil de sa mère.

En y songeant, son pas devient plus lent;

Près d'arriver, il regarde, il hésite...

Timidement il monte les degrés;

Pauvre vieillard! ses pas mal assurés

Certainement vont le trahir bien vite.

« Bonsoir, ma fille! » et, se sentant broncher,

En l'embrassant monsieur Médard évite

De rencontrer ce regard qui s'irrite.

Et, tout honteux, il s'en va se coucher.

II

Sa fille est tout le portrait de sa mère,
Sauf qu'en naissant la grêle la marqua.
Le ciel lui fit une existence amère,
Et la tristesse à son cœur s'attaqua.
Elle n'a point connu dans son jeune âge
Les doux instants de rêve et de loisir;
Jamais l'amour à son pâle visage
N'a fait monter la flamme du désir;
Jamais le soir, une heure à sa croisée
Ne la surprit, la tête dans la main,
A regarder, pensive sans pensée,
Monter la lune au firmament serein.
Comme une fleur qu'un coup de vent déchire
Dès son aurore, au bord du rameau vert,
Elle a perdu tout charme et tout sourire;
Son cœur n'est plus qu'un calice désert.

Dieu la conquit à lui dès son enfance
Et lui ferma tout terrestre bonheur;
En l'autre vie est sa seule espérance,
Et dans l'attente elle apaise son cœur.
Un voile noir couvre son front austère :
Avec orgueil portant le célibat,
Elle promène, aussi sage que fière,
Ses quarante ans de vertu sans combat.

Patiemment, dans cette solitude,
Ses jours pieux s'écoulent. Après Dieu,
Son pauvre père est la seule habitude
Qui la fait vivre et la distrait un peu.
Ainsi s'en vont — ô l'énigme profonde! —
Toutes les deux, ces âmes au déclin,
L'une si pleine avec l'amour du monde,
L'autre si vide avec l'amour divin!

C'était au mois d'octobre ou de novembre :
Monsieur Médard avait quitté sa chambre,
Et lentement, sur la fin d'un beau jour,
Ils respiraient le frais au Luxembourg.

Le bon vieillard, qui la croit jeune et belle,

Car à présent sa mémoire chancelle,

Tout en marchant, vint à lui conseiller,

Se faisant vieux, lui, de se marier :

« Vois, disait-il, si la Parque cruelle

« De mes instants tranchait soudain le fil,

« Ma pauvre enfant, où ton pas irait-il? »

Puis il se tut. La nuit était muette ;

Par intervalle on surprenait le vent

Qui se plaignait comme une âme inquiète.

La pauvre fille avait baissé la tête

Et murmuré ces deux mots : « Au couvent... »

En ce moment, amoureuses rafales,

On entendit chanter quelques passants.

C'étaient des traits, des cadences finales.

Monsieur Médard sentit à leurs accents

Se réveiller ses haines musicales.

Il tressaillit, — et, comprimant le bras

De sa compagne, il redoubla le pas.

Du Luxembourg au plus vite ils sortirent,

Et dans la nuit leurs ombres se perdirent...

PAR LA POSTE

PAR LA POSTE.

A MADAME X.

Vous m'avez demandé des vers; — je le veux bien;
Ceux-là, je vous promets, ne me coûteront rien.
J'ouvre pour vous mon cœur et je le laisse dire :
C'est un pauvre bavard qui vous fera sourire.

Quand vous l'écouterez, je serai loin de vous,
Au milieu des chemins. — Quand nous reverrons-nous?
Je pars; et malgré moi j'ai retourné la tête
Vers la petite rue où vous m'avez fait fête.

C'était en juin; — j'allais cherchant le numéro,
Quand j'entendis soudain le son du piano.
Je frappai. Votre sœur accourut, grave et tendre,
Et me dit : « Taisez-vous, nous allons la surprendre. »

7

Ah! ce bonheur facile et charmant entre tous
A trop vite passé. Maintenant c'est la peine.
J'aurais voulu rester encore une semaine.
Demain sera bien triste, hier était si doux!

Là-bas où je m'en vais la lutte sera forte;
Chaque jour se succède amenant son danger;
Et quand je reviendrai frapper à votre porte,
Peut-être direz-vous : « Quel est cet étranger? »

La vie aura sur moi laissé tomber sa neige;
Mon œil aura perdu de sa jeune clarté.
Qu'aura-t-on fait de moi dans dix ans? Que serai-je?
Rêveur, rimeur, — ainsi que j'ai toujours été.

Alors, au souvenir de bien des choses folles,
Mélancoliquement tous deux nous sourirons,
Et tous les deux aussi nous nous rappellerons
Des lambeaux de jeunesse et de vagues paroles.

Si j'allais affecter un visage moqueur,
N'y croyez pas au moins; la paupière mouillée

Trahira sûrement quelque larme oubliée,
Larme lente à tarir et qui monte du cœur!

Vous, demeurée au seuil, toujours simple et fidèle,
Je vous retrouverai, pauvre front incliné,
Auprès de votre fille à treize ans déjà belle,
Qui lèvera sur moi son regard étonné.

Et si cet ange brun que votre lèvre effleure
Vient à vous demander, rougissante à demi :
« Quel est donc ce monsieur qui sourit et qui pleure? »
En la baisant au front, dites : « C'est un ami. »

Et vous aurez dit vrai. Depuis bien des années,
J'ai suivi pas à pas vos jeunes destinées;
D'abord triste, mais calme, et bientôt m'affligeant,
Côtoyant votre vie à distance, et songeant...

Dieu vous a fait le cœur d'une bonne personne,
Un esprit juste et doux dont chacun est charmé,
Un regard attendri dans un œil qui rayonne,
Une pensée en fleur comme un arbre de mai.

Vous avez le front pur et l'âme généreuse,

Et cet orgueil muet où la haine s'endort.

Les belles qualités pour être malheureuse!

Et comme je vous plains, jeune femme au cœur d'or!

Souffrez donc, puisque c'est la loi funeste et sainte;

Mais répétez, à l'heure où l'on se sent trop las :

« Il est quelqu'un qui prend la moitié de ma plainte. »

Et pensez quelquefois à ceux qui sont là-bas.

Et si plus tard, au fond d'un meuble qu'on remue,

Vous retrouvez ceci, lettre en forme de chant,

Vous vous direz peut-être, et malgré vous émue :

« Celui qui fit ces vers n'était pas un méchant. »

ODE A L'IVRESSE

ODE A L'IVRESSE.

Ivresse chaude et forte,
A qui j'ouvre ma porte,
Les jours de désespoir,
Ivresse, viens ce soir!

Viens, éclate et flamboie!
Ivresse, sois ma joie!
Apaise à flots pressants
La soif de tous mes sens!

Viens, nous irons, ma chère,
Voir sous le réverbère
Les ivrognes ronflants
Et rouges de vins blancs;

Et ces fakirs des halles,
Qui rèvent sur les dalles
D'un cabaret impur,
Les yeux fixés au mur.

Sur le seuil des tavernes,
Trébuchants, les yeux ternes,
Ta bouche me dira
Hoffmann et Lantara.

Quelle forme enchantée,
Courtisane protée,
Quel costume impromptu
Pour moi vétiras-tu?

Auras-tu robe blanche,
Col étroit, lourde hanche,
Et, champagne engageant,
La couronne d'argent?

Seras-tu la coquine
Et svelte médoquine,

Qu'on boit à petit feu,
Fille de Richelieu?

Ou la Flamande épaisse,
Honneur de la kermesse,
Dont Brauwer le fripon
Tracasse le jupon?

Terrible ou caressante,
Pâlie ou rougissante,
Au diable l'embarras!
Viens comme tu voudras.

Viens, pourvu que je voie,
Vieille fille de joie,
Etinceler encor
L'eau-de-vie aux yeux d'or,

Sans voile, sans agrafe,
Toute nue, en carafe,
Éclair emprisonné
Sous le cristal orné!

Viens, je suis ton poëte !
Avant que je te jette
Mes bras autour du cou,
Va mettre le verrou.

Est-ce que tu me boudes?
Pose là tes deux coudes,
Et, pendant que je bois,
Parle-moi d'autrefois.

Te souvient-il, drôlesse,
De ma grande tristesse
Et des pleurs insensés
Que nous avons versés?

Heures trop tôt flambées !
Grosses larmes tombées !
Fureurs sous les balcons !
Délires sans flacons !

Bah ! si je vous regrette
C'est peut-être en poëte,

Et peut-être ai-je tort
De croire mon cœur mort.

L'amour! je le retrouve,
Chaud comme sang de louve,
Au fond du verre ardent
Qui grince sous ma dent!

Mettre, ô folle merveille!
Des baisers en bouteille,
Et, çomme une liqueur,
Boire à longs traits son cœur!

Aussi bien, ma maîtresse,
C'est toi, toi seule, Ivresse!
Et, dans tes bras de feu,
A tout j'ai dit adieu.

Ah! comme je t'adore,
Effroyable Pandore!
Pourtant, je te le dis,
Souvent je te maudis.

Cet amour que j'étale
Pour toi, belle brutale,
On en sait le pourquoi :
Tu ne trompes pas, toi !

Tu ne sais pas, d'usage,
Avec un art sauvage
Tirer les pleurs des yeux;
Tu fais mourir, — c'est mieux.

Viens, les coupes sont prêtes,
Madère des tempétes!
Toi, gin qui fais les fous,
Et vin à quatre sous!

Viens, il me faut la lutte
Sous la table en culbute,
Tous deux à bras-le-corps,
Et les yeux en dehors!

Les bouteilles qu'on casse,
Les chaises que ramasse

Le plaintif hôtelier
Tordant son tablier ;

Les coups, et puis la garde,
Et le sang qu'on regarde
Couler stupidement
Sur le plancher fumant...

Prends toute ma tendresse ;
Je t'appartiens, Ivresse ;
Maintenant c'est ton tour,
Et que meure l'Amour !

Meurs, toi qui fus mon maître,
Meurs deux fois ; — et peut-être
Qu'un jour, en frappant là,
Plus rien ne répondra !

LE RAT

LE RAT.

La semaine dernière, à travers mon monocle,
    Étant à l'Opéra,
— Mignonne statuette enlevée à son socle, —
    Je vis passer un rat;

Mais un rat, sur ma foi, d'une allure divine,
    Un rat fluet, coquin;
Bouche-fleur, perles-dents, avec des pieds de Chine
    Et l'œil américain.

Des quinquets de la rampe où je voyais reluire
    Les coins d'or de ses bas,
Elle jetait à tous un agaçant sourire
    Entre deux entrechats.

Ses bras nus paraissaient appeler des caresses,
      Arrondis ou tombants,
Tandis que sur son dos battaient deux folles tresses
      Et deux nœuds de rubans.

Pas vingt ans! — Et déja, ses ennuis, ses caprices,
      Qui pourrait les compter?
Et combien t'ont donné, petit rat de coulisses,
      Leur cœur à grignoter?

DIX-HUITIÈME SIÈCLE

DIX-HUITIÈME SIÈCLE.

Comment vous portez-vous, adorable Eliante?
Sur la pointe du pied j'entre en votre boudoir :
C'est l'heure du lever, midi, l'heure élégante;
Phébus cligne aux volets et demande à vous voir.

Au bord de l'oreiller où votre tête glisse,
Gageons que la rosée aura, sur votre teint,
En passant, secoué son bouquet de narcisse
Encore tout trempé des perles du matin.

Ne vous étonnez pas si, dans votre ruelle,
Comme faisaient jadis les abbés-papillons,
Je viens, gazette en main, vous dire la nouvelle,
Et sur votre guitare accorder mes flonflons.

Sur ce tabouret-là souffrez que je m'assoie ;

Je détournerai l'œil autant que vous voudrez,

Et vous ferai passer votre mule de soie

Entre les deux rideaux, quand vous vous chausserez.

LE PARESSEUX

LE PARESSEUX.

Le soir vient; le bruit de l'enclume
Va s'éteindre dans un moment ;
Le chœur des marmots dans la brume
Se débat plus confusément.
A mon pas relevant la tête,
Grogne un chien fidèle et crasseux.
Va, ce n'est rien, ma bonne bête,
Rien que le pas d'un paresseux.

Je m'arrête auprès d'une ferme ;
La chandelle vient d'y briller :
Aux fentes des volets qu'on ferme
Je vois les apprêts du foyer.

Sur la table la ménagère
Pose le cidre aux flots mousseux.
Honnêtes gens, paix et prière!
Laissez passer un paresseux.

L'ouvrier, dont la tâche est faite,
Sourit aux siens d'un regard doux;
De sa femme il penche la tête,
Il prend l'enfant sur ses genoux.
Sueurs du front, gloires de l'âme!
Hélas! je ne suis pas de ceux
Qui savent nourrir une femme.
Laissez passer un paresseux.

Adieu! je ne suis pas des vôtres,
Je n'ai pas d'outils dans les mains;
De mes stériles patenôtres
Je fatigue en vain les chemins.
Errant, j'ai laissé passer l'heure,
Poursuivant un métier chanceux.
Aimez, travaillez, moi je pleure;
Laissez passer un paresseux.

Allons, remettons-nous en route,

Puisque aucun bonheur ne m'est dû.

Tout dans cette nuit qui m'écoute

Dit à mon regret : Temps perdu!

Honte sur moi si je succombe!

Ces gens, ils peuvent mourir, eux.

Mais moi, je volerais ma tombe!...

Laissez partir un paresseux.

TRAVESTISSEMENTS

TRAVESTISSEMENTS.

Voici le temps des bals; Clorinde, qu'en dis-tu?
    Mettons-nous vite à nos toilettes;
Moi, je veux être un clown harnaché de sonnettes
    Et coiffé d'un bonnet pointu.

Toi, tu seras marquise, avec des violettes
    Au creux de ton sein court-vêtu;
Et de ta bouche en cœur, et de ton œil battu
    Naîtront sourires et paillettes.

Puis, tu prendras ton loup, le loup sombre et lutin,
    Avec sa barbe de satin,
Barbe aux plis miroitants qui s'envole en cadence,

Petit voile rose au menton,

D'où nous est venu ce dicton :

« Du côté de la barbe est la toute-puissance. »

CLORINDE

CLORINDE.

L'autre nuit, comme ils étaient onze
Qui soupaient à la Maison d'or,
Sous une table aux pieds de bronze
Deux d'entre eux parlaient d'elle encor.

Elle est morte, c'est grand dommage,
La perle du quartier Bréda!
Mieux eût valu pour ce voyage
Voir partir Rosine ou Clara.

C'était une petite blonde,
Née à seize ans et morte à vingt;

Enfant qui trop tôt vint au monde,

Enfant qui trop tôt s'en revint.

Un des princes de la finance

L'avait sortie on ne sait d'où.

Chez elle éclatait l'élégance :

Il l'entourait d'un luxe fou.

Dans les plis d'un peignoir cachée,

Ses genoux sous elle tapis,

Elle passait son temps couchée

Sur les fleurs de son grand tapis.

Nulle n'était plus provocante

Dans nos nuits de bruyant gala ;

A la fois marquise et bacchante,

C'était Clorinde ! Pleurons-la.

Adieu, notre jeune compagne !

Tu t'en vas au milieu du jour,

L'estomac ruiné de champagne

Et le cœur abîmé d'amour.

Un menuisier, une portière,

Deux personnes uniquement,

La suivirent au cimetière :

Sa mère et son premier amant.

BERTRAND, BOTTIER

BERTRAND, BOTTIER.

« Voilà Cadix ! » s'écrie un passager,
Le doigt tendu sur les humides lieues.
Et, tout au loin, je vois se prolonger
La ligne blanche entre deux lignes bleues
Que précisa Byron d'un trait léger.
Je pourrais bien, sans être trop sévère,
Sur ce bleu-là chicaner aujourd'hui :
On est en mai, le soleil n'a pas lui,
Et l'Océan soulève un front colère.

J'ai débarqué. Que c'est propre et charmant !

10.

Que c'est joli! la gracieuse ville!

Comme on y marche a couvert fraîchement,

Et que la vie y semble être facile!

(Je n'en voudrais ôter qu'une odeur d'huile

Qui vous saisit au nez étrangement.)

Mais quel brillant et coquet assemblage

De dômes blancs, de terrasses, de tours!

Quel dentellier rêva ce découpage

Et sur le ciel en fixa les contours?

Chaque maison, comme une cage verte,

Porte un balcon aux fers peinturlurés,

Laissant tomber par la vitre entr'ouverte

Un pan d'étoffe et des œillets pourprés.

Ces cages-là, dont le nombre est immense,

Ces cages-là renferment des oiseaux

Tels qu'il n'en est nulle part de plus beaux;

On vient de loin entendre leur romance.

C'est à la nuit que s'ouvrent leurs barreaux;

Or, ces oiseaux ce sont les Andalouses.

Elles s'en vont, la dentelle aux cheveux,

Le pied sans ombre et l'amour dans les yeux,

A la clarté des étoiles jalouses.

Leur teint est pâle, avivé d'or ardent;

Puis, elles ont ces fameuses cambrures

Que l'éventail scande avec ses murmures,

Et ce sourire agaçant et qu'un rien

— Loin de Cadix — ferait parisien.

Non, il n'est pas de ville plus accorte

Et mieux serrée en ses riches atours.

Cette Cadix est neuve; mais qu'importe!

De ce neuf-là, donnez-m'en tous les jours.

Heureux celui qui, sous ses colonnettes,

Fait de sa vie un hymne aux cigarettes!

J'en étais là de mes ravissements,

Posant le pied sur toutes les demeures,

Ravi surtout des cours intérieures

En marbre blanc, avec mille ornements,

Où les jets d'eau sèment des diamants;

Lorsque soudain une enseigne apparue

Vint me causer des éblouissements;

Deux mots, — pas plus, — avaient frappé ma vue,

Mais ces deux mots tenaient un mythe entier,
Car ils disaient tout haut : « Bertrand, bottier. »

Je crus tomber au milieu de la rue.
Bertrand, bottier! là, tout tranquillement,
Dans le pays des fleurs et des guitares,
Auprès des flots soulevés chaudement,
Dans cet azur, dans cet enchantement.
O raillerie et témérité rares!
Bertrand, bottier. Pas autre chose, — un point.

Es-tu content, ô progrès! n'as-tu point
A souhaiter encore d'autre palme?
Fi du poëme! honneur au magasin!
Bertrand, bottier; en effet, c'est la fin,
La fin naïve et la conquête calme.
Ne parlez plus de César, d'Attila;
L'envahisseur, le barbare, le maître,
L'homme du sort, regardez, le voilà:
C'est ce Français, Parisien peut-être.
Bertrand, bottier, sera suivi dans peu
De Jean, crémier, et de Dubois, lampiste;

Puis, les brasseurs s'en viendront à la suite.
Adieu, Cadix! rêve et rayons, adieu!

Rimeurs, rimeurs, craignez dans vos vertiges
De rencontrer comme moi l'homme aux tiges!

:

LE DINER QUE JE VEUX FAIRE

LE DINER QUE JE VEUX FAIRE.

Le dîner que je veux faire
Avec toi je le ferai,
Sous la treille verte et claire,
Un des derniers jours de mai.

Je te sais Parisienne,
Nous n'irons pas loin d'ici :
Nous choisirons Louvecienne,
Sèvres ou Montmorency.

A l'auberge, où se balance
Un *lion* tout en cheveux,

Ou le *cheval* qui s'élance,
Nous entrerons, si tu veux.

Nous aurons, ô ma charmante,
Alors même qu'elle bout,
La soupe épaisse et fumante
Où la cuiller tient debout;

Puis, le jambon de Mayence
Aux éclatantes couleurs,
Sur l'assiette de faïence
Peinte d'oiseaux et de fleurs;

Et l'omelette charnue,
Si jaune, qu'en ton erreur,
Tu la croiras revenue
Pour nous de chez le doreur.

Rien ne te paraîtra fade,
Tout ira selon *ton gré*;
Tu sais que pour la salade
J'ai les soins d'un émigré.

Dieu sait les chansons de merle

Que ton gobelet tiendra !

Tu peux y jeter ta perle :

L'Argenteuil la dissoudra.

SEULE

SEULE.

Elle est morte bien jeune, elle est morte bien belle,
Par un matin d'avril frileux et souriant,
Douce et rêvant de Dieu, sans laisser derrière elle
Les larmes d'une mère ou l'effroi d'un enfant.

Nul ne la connaissait, car, du bout de son aile,
Son bon ange gardien la voilait. Et pourtant
Son cœur, son pauvre cœur, jusqu'à la mort fidèle,
S'était pris sans espoir d'un amour éclatant.

Mais tous l'ont ignoré; le temps de sa jeunesse,
Monotone et caché, s'est enfui sans ivresse.
Elle a vécu sans faste, elle est morte sans bruit;

Aucun n'a recueilli les trésors de son âme.

Ainsi passent — parfums perdus! stérile flamme! —

L'étoile dans le jour et la fleur dans la nuit.

UNE INTRIGUE

AU BAL DE L'OPÉRA

UNE INTRIGUE AU BAL DE L'OPÉRA.

Assez de gens diront, avec un air choqué :
« Hélas! on ne sait plus causer au bal masqué!
« On n'y remporte plus que de grossiers succès,
« Et l'Intrigue est partie avec l'esprit français! »

N'écoutez pas ces gens, ramasseurs de clichés,
Ces inspecteurs de mœurs, dès neuf heures couchés;
Et croyez-en plutôt ces vers de bonne foi,
Écrits pour vous, lectrice, — écrits, lecteur, pour toi.

Que si vous leur trouvez un turbulent essor,
C'est qu'il est encor nuit et que je bois encor.
Aussitôt qu'un couplet est par moi composé,
D'un verre de champagne il se trouve arrosé!

Il s'agit d'un gandin qui, lors du dernier bal,
Vit un domino sombre et d'un maintien moral.
Il l'accosta soudain et le voulut railler;
Mais l'autre le fit taire et sut l'entortiller.

Ce gandin était jeune; il avait un col droit,
Un pantalon trop large, un chapeau trop étroit;
Et son habit bleu-prune, éblouissant à voir,
Ressemblait par le bas au bec d'un sifflet noir.

Son visage, rasé de frais dans le milieu,
S'ornait sur les côtés de deux buissons de feu;
Agrément qu'on appelle, ailleurs comme à Paris,
Nageoires chez le bar, — chez l'homme favoris.

Le coquet domino, sous de simples dehors,
Paraissait recéler de ravissants trésors.
Deux astres noirs perçaient le satin de son loup;
De main comme la sienne on n'en voit pas beaucoup.

Par la foule pressé, vers elle se penchant,
Le gandin murmurait ces mots, tout en marchant :

« Quelle taille ! quels pieds ! quels cheveux en forêt ! »
Elle, tranquillement, dit : « On en mangerait. »

Continuant toujours d'affronter le péril :
« Un méchant petit cœur là-dessous battrait-il ?
« Que ne suis-je celui qui pourra le toucher ! »
Elle lui répondit : « Ça vous ferait loucher. »

Le gandin confondu lui demanda pardon,
Et, se sentant blessé par le dieu Cupidon,
Finit par obtenir son absolution :
« Mais j'y mets, lui dit-elle, une condition.

« La valse qu'à présent on vient de commencer,
« Vous allez avec moi sur-le-champ la danser.
« — Mais, lui répondit-il, je ne suis pas masqué,
« Et par tous mes amis je serai remarqué.

« — Monsieur, fit-elle alors d'un accent dédaigneux,
« Craint de se compromettre avec moi ; c'est au mieux... »
Il ne répliqua pas, mais au bout d'un instant
Dans la foule ils allaient tous deux pirouettant.

12

Ses amis, aux abois et fronçant le sourcil,
Disaient : « C'est une horreur ! à quoi donc pense-t-il ? »
Et tout le Club, penché sur le bord du balcon,
Semblait pétrifié comme Laocoon.

La valse terminée, enfin il respira ;
Mais quand autour de lui son œil timide erra,
Il ne trouva qu'airs froids, sévères, irrités.
On l'appelait tout haut commis en nouveautés.

Pour cacher sa rougeur, poussant vers le café,
Il feignit tout à coup d'être fort échauffé.
« Allons, murmura-t-il, nous rafraîchir un peu.
« Prendrez-vous un sorbet, ô bel ange à l'œil bleu ?

« — Un sorbet ? Oh ! la, la ! Tu ne le voudrais point ! »
Et, frappant sur la table avec son petit poing,
L'enfant aux yeux d'azur : « Constantin ! un soda ! »
Le gandin : « Je ferai comme vous, ma Léda.

« Un soda ! » répéta longtemps l'écho moqueur ;
Et soudain accourus, tous ses amis en chœur

Répétèrent : « Il prend un soda! Comprend-on ?

« Cet homme n'est plus rien chez les gens du bon ton! »

Or, lui, croisant les bras, à sa compagne il dit :

« Vous m'avez fait près d'eux tomber en discrédit ;

« Ne m'en verrai-je pas par vous récompensé? »

Elle lui répondit : « Vous êtes bien pressé! »

Et comme il poursuivait ses propos délirants,

Elle ajouta : « Bébé, je suis chez mes parents. »

Le gandin s'écria : « Cela m'est bien égal,

« Si tu m'indiques leur domicile légal. »

Pudiquement : « Mon cher, cela ne se fait pas;

« Mais vous pouvez pourtant accompagner mes pas,

« Et, lorsqu'un·*sans ressorts* m'emportera d'ici,

« Vous installer derrière et tout apprendre ainsi.

« — Monter derrière un char! » exclama le gandin,

Plein d'un noble courroux; « ah! c'est trop de dédain!

« Cette preuve d'amour, ne l'espère jamais!

« J'aime mieux renoncer à t'aimer désormais.

« — A votre aise ! » dit-elle ; et, sans le saluer,

Vers la porte on la vit bientôt évoluer.

Un fiacre lui fit signe ; elle monta dedans.

Il crut que les chevaux prenaient le mors aux dents ;

Lors, en dépit du monde et du respect humain,

Il s'élança d'un bond ; et, sur l'arrière-train,

Se maintint, cramponné ; — quand ce poste élevé

Lui montra ses amis qui battaient le pavé !

Ce furent des hourras, ce furent de grands cris ;

On le traita de groom, on en fit des paris ;

Il servit de jouet à leurs joyeux ébats.

Il était très-vexé, mais ne le montrait pas.

Le fiacre traversa le canal Saint-Martin.

La belle descendit ; il lui donna la main.

Et comme le cocher demandait de l'argent,

Elle lui dit : « Monsieur n'est pas un indigent ! »

Sur le seuil, elle et lui parlementaient encor,

Quand, du troisième étage, avec un bruit de cor,

Une voix, que le rhume ou le rhum opprima,
Laissa tomber ces mots : « Vas-tu monter, Irma? »

Alors, levant le nez, notre gandin put voir
Briller comme un feu rouge à travers le ciel noir.
Ce phare, qui frappa son œil stupéfié,
Plus tard du nom de pipe il l'a qualifié.

Le gandin s'éloigna comme il était venu,
Lentement, tout le long d'un faubourg inconnu,
Sans regret, sans rancune, et songeant en chemin
A ce qu'à ses amis il conterait demain.

Laissez dire celui qui vous répétera
Qu'on ne s'amuse point au bal de l'Opéra,
Et que l'Intrigue au fin babil, au pied léger,
Ne revient plus chez nous s'ébattre et voltiger !

LA FIN PROBABLE

.

LA FIN PROBABLE.

Comme pour railler mes études,
Le sort, dans mon cœur combattu,
A mis d'égales aptitudes
Pour la joie et pour la vertu.

O contraste! que me veux-tu?
Mon esprit, sourd aux habitudes,
Amoureux fou de l'impromptu,
Va des foules aux solitudes.

Des plaisirs, j'en ai vu combien!
Des peines, plus encor; — si bien
Qu'un jour, las de mordre à la grappe

De tous les désirs rejetés,

J'irai m'enterrer à la Trappe

En sortant des Variétés.

SONNETS GASTRONOMIQUES

SONNETS GASTRONOMIQUES.

I

LE GODIVEAU.

Quand j'étais tout petit, j'aimais les godiveaux,
Où, modeste traiteur, souvent tu te révèles.
A présent que je vais aux recettes nouvelles,
Et que mon appétit vole aux gibiers nouveaux,

Je me souviens. Malgré grives et bartavelles,
Je regrette le temps où, fou de maniveaux,
Je dévorais la croûte où nageaient les cervelles
Et les crêtes de coq, avec les riz de veaux.

Ces godiveaux, orgueil des bourgeoises familles,
Étaient, en ce temps-là, pareils à des bastilles;
La salle s'imprégnait de leurs puissants parfums;

13

Et, jeune âme déjà conquise à la cuisine,

J'oubliais de presser le pied de ma cousine.

— Et je pleure, en songeant aux godiveaux défunts.

II

L'ANDOUILLETTE.

Dédaignons la mouillette
Et la côte au persil.
Crépite sur le gril,
O ma fine andouillette!

Certes, ta peau douillette
Court un grave péril.
Pour toi, ronde fillette,
Je défonce un baril.

Siffle, crève et larmoie,
Ma princesse de Troye
Au flanc de noir zébré!

Mon appétit te garde

Un tombeau de moutarde

De Maille ou du Vert-Pré.

III

LA TRUITE.

Dans une agape bien construite
Envisagez assurément
L'apparition de la truite
Comme un joyeux événement.

Quelques-uns la demandent cuite,
Avec maint assaisonnement
Pris aux recettes qu'on ébruite.
Je la veux frite simplement.

Truites blanches ou saumonées,
D'Allemagne ou des Pyrénées,
Poissons charmants, soyez bénis!

13.

Mais je sais les roches hautaines

Où se cachent vos souveraines :

Salut, truites du Mont-Cenis!

IV

LA CHOUCROUTE.

Et pourquoi pas? bien macérée,
Avec des grains de poivre rond,
Pour mainte poitrine altérée
Elle est un solide éperon.

Durant tout un mois préparée
Par le genièvre fanfaron,
Mince et discrètement dorée,
Telle elle plaît au biberon.

Au terme d'une longue route,
Heureux qui trouve la choucroute
Aux douces pâleurs d'albinos,

Fumante, et parfumant l'auberge,

Et se serrant, comme une vierge,

Contre son compère le moos!

V

LES CÈPES.

Dans son œuvre aux grosses couleurs,
Paul de Kock dit : « Vivent les crêpes ! »
De son côté, l'auteur des *Guêpes*
Dit : « Vivent la mer et les fleurs ! »

J'ai mes goûts comme ils ont les leurs ;
Je franchirais forêts et steppes
Pour savourer un plat de cèpes,
Mais de Bordeaux, et non d'ailleurs.

Vivent les cèpes ! Ma narine
Croit les sentir dans la bassine
Pleine d'huile et d'ail haché fin.

O saveurs! ô douceurs! ô joies!

De la terre ce sont les foies,

Et par eux renaît toute faim!

VI

LE COCHON.

Car tout est bon en toi : chair, graisse, muscle, tripe !
On t'aime galantine, on t'adore boudin.
Ton pied, dont une sainte a consacré le type[1],
Empruntant son arome au sol périgourdin,

Eût réconcilié Socrate avec Xantippe.
Ton filet, qu'embellit le cornichon badin,
Forme le déjeuner de l'humble citadin;
Et tu passes avant l'oie au frère Philippe.

Mérites précieux et de tous reconnus !

[1]. Sainte Ménehould.

Morceaux marqués d'avance, innombrables, charnus!
Philosophe indolent, qui mange et que l'on mange!

Comme, dans notre orgueil, nous sommes bien venus
A vouloir, n'est-ce pas, te reprocher ta fange?
Adorable cochon! animal roi! — cher ange!

CHANSON DE TABLE

CHANSON DE TABLE.

Plus blanche que l'hermine blanche,
La nappe appelle le banquet;
La girandole à chaque branche
Concentre la flamme en bouquet.
Sur la serviette en pyramide
Les convives cherchent leurs noms;
L'œil brille, la lèvre est humide;
C'est l'heure où l'on dîne, — dînons!

Majestueux comme un notaire,
Debout derrière mon fauteuil,
Un garçon dit avec mystère :
« Monsieur, saint-estèphe ou bourgueil? »

Les pieds glacés, l'aï frissonne.

Honneur aux dieux que nous servons!

Demain je n'y suis pour personne.

C'est le soir où l'on boit, — buvons!

Que tout brille et s'épanouisse,

Les parfums, les cristaux, les sons!

Qu'au bruit de nos coupes s'unisse

Le tapage de nos chansons!

Que chacun de nous improvise,

Même des vers de mirlitons!

Siraudin fera la devise.

C'est l'heure où l'on chante, — chantons!

Est-ce Clémentine? est-ce Estelle

Qui sur mon épaule s'endort,

Laissant pendre un bout de dentelle

Dans le champagne aux perles d'or?

Mon œil, sous le mouvant corsage,

Entrevoit la neige des monts.

La plus folle, c'est la plus sage...

C'est la nuit où l'on aime, — aimons!

ENCORE A MADAME X

.

ENCORE A MADAME X.

Des jours enfuis gardez-vous la mémoire?
Dites, madame, — et vous rappelez-vous
Ces courts instants d'une commune histoire,
Interrompue au feuillet le plus doux?
D'un cher espoir que j'enferme en mon âme,
Seul aujourd'hui me suis-je souvenu?
« — L'amour viendra, » me disiez-vous, madame;
J'attends toujours : l'amour est-il venu?

Après sept ans, hier, belle et parée,
Je vous revis, — et me trouvai bien vieux.
Je vous parlai deux fois dans la soirée;
Rien ne frappa votre esprit oublieux.

Sur moi pourtant tomba votre œil de flamme,

Mais votre cœur ne m'a pas reconnu.

« — L'amour viendra, » me disiez-vous, madame;

J'attends toujours : l'amour n'est pas venu.

A ce jeu-là, j'ai perdu tout courage.

D'un rêve heureux laissez-moi la moitié ;

Et refaisons, par un accord plus sage,

D'un vieil amour une jeune amitié.

Triste et touchante, une voix me réclame :

C'est la raison; ô regrets superflus !

« — L'amour viendra, » me dites-vous, madame;

Ce n'est pas vrai, l'amour ne viendra plus...

BŒUFS GRAS

BŒUFS GRAS.

« Un sou ! voici l'ordre et la marche !
« Demandez ! Pendant les jours gras,
« Plusieurs bœufs, nés à Pont-de-l'Arche,
« Se promèneront pas à pas. »

Et la foule est considérable
Sur les quais, sur les boulevards ;
Une anxiété véritable
Est peinte dans tous les regards.

Malgré le vent, malgré la neige,
Un peuple entier est arrêté ;

Enfin, on signale un cortége,
Le cortége tant souhaité !

En avant de la cavalcade,
Mons Pierrot et maître Arlequin
Exécutent mainte cascade,　　·
Au son des cornets à bouquin.

D'abord viennent, fiers de leur rôle,
De riches Infants à cheval,
Le manteau doré sur l'épaule,
Don Mendoce et don Sandoval ;

Vénitiens couverts de martre,
Indiens au plumet flottant,
Sacrificateurs de Montmartre,
Druides de Ménilmontant ;

Et puis, les bêtes d'Adeline,
Calmes, dans un char triomphal,
Aspirant à pleine narine
Les parfums du bouillon Duval.

Le char! le char, — gloire qui bouge, —
Où, sur un trône tremblotant,
Une Cythérée au bras rouge
Mouche un Cupidon grelottant.

C'est une habitude formée
De baptiser, tant bien que mal,
Du nom d'une œuvre renommée
Chaque bœuf gras du carnaval

Le génie ainsi se consacre ;
Il n'est pas de plus haut gradin ;
C'est la conquête, c'est le sacre.
Montjoye accompagne *Aladin*.

Suprême couronne de rose !
Laurier poussé sur le verglas !
Et l'on n'a pas été grand'chose
Tant qu'on n'a pas été bœuf gras !

LA LEÇON DE FLUTE

LA LEÇON DE FLUTE.

J'étais resté longtemps les yeux sur un tableau
Où j'avais retrouvé Théocrite et Belleau,
Fraîche idylle aux bosquets de Sicile ravie,
Ayant bu la lumière et respiré la vie.
Ce tableau représente, en un verger sacré,
Un vieux pâtre taillant une flûte, entouré
D'un beau groupe d'enfants aux têtes attentives,
Qui se pressent, muets, dans des poses naïves.
Et, parmi ces enfants, que l'art déjà soumet,
Un surtout, sérieux et bouclé, me charmait.

Je m'étais éloigné de cette aimable toile,
Et je voyais toujours l'enfant aux yeux d'étoile;

Et je me surprenais, en marchant, à songer :

« Je veux dire à mes fils les leçons du berger,

« Leur tailler des pipeaux, et leur faire comprendre

« A quel point l'art est doux, consolateur et tendre ! »

Je raisonnais ainsi, quand soudain, au détour

D'une place, je vis dans le fond d'une cour

Un homme pâle, usé, front courbé par la lutte.

Il tenait aussi lui dans ses doigts une flûte ;

Et son chapeau fangeux, sur le pavé placé,

Dénonçait la misère et l'orgueil terrassé.

Or, je ne sais par quel sortilége exécrable,

Dans cet homme flétri, dégradé, lamentable,

Je revoyais l'enfant du tableau contemplé,

Les traits purs de l'enfant sérieux et bouclé.

— Ainsi fait le hasard en ses jours d'ironie. —

Je m'enfuis, inclinant ma tête rembrunie.

O musique ! ô tableaux ! ô Sicile ! ô verger !

Mes fils ignoreront les leçons du berger.

TABLE.

PARIS. — J. CLAYE, IMPRIMEUR, RUE SAINT-BENOIT, 7.

CATALOGUE SPÉCIMEN

DE

F. SARTORIUS

ÉDITEUR

27, rue de Seine, A PARIS

ROMANS, LITTÉRATURE

L'ANE A M. MARTIN, par Ch. Paul de Kock, avec une jolie vignette sur acier gravée d'après A. Belin, par E. Leguay. 1 volume in-18 jésus, édition de luxe. . . . . 3 fr.

LA FILLE AUX TROIS JUPONS, par Ch. Paul de Kock, roman inédit, avec une jolie gravure sur acier par Ch. Geoffroy d'après Sandoz, représentant *la Fille aux trois jupons.* 1 vol. in-18 jésus, édition de luxe. . . . . 3 fr.

LES ENFANTS DU BOULEVARD, par Ch. Paul de Kock, roman inédit avec une jolie vignette sur acier, de Ch. Geoffroy d'après Sandoz, représentant *Francisque faisant la cour à Florentine.* 1 vol. in-18 jésus, édition de luxe. . . . . 3 fr.

LE PETIT-FILS DE CARTOUCHE, par Ch. Paul de Kock, roman inédit, avec une jolie vignette sur acier de Ch. Geoffroy, d'après Sandoz, représentant *Francisque (le Petit-Fils de Cartouche) en présentation chez le banquier Rigoulotini.* 1 vol. in-18 jésus, édition de luxe. (Volume faisant suite aux Enfants du boulevard). . . . . 3 fr.

LES FEMMES, LE JEU ET LE VIN, par Ch. Paul de Kock, roman inédit, avec une jolie vignette représentant une scène comique sur un théâtre. 1 vol. in-18 jésus, édit. de luxe. . . . . . . 3 fr.

LES BAISERS MAUDITS, par Henry de Kock, avec un portrait sur acier. 1 vol. in-18 jésus, édit. de luxe. . . . . 3 fr.

LE DÉMON DE L'ALCOVE, par Henry de Kock, roman inédit.
1 vol. in-18, avec gravure. . . . . 3 fr.

JE ME TUERAI DEMAIN, par Henry de Kock, roman inédit,
avec vignette sur acier, par E. Leguay, d'après Bélin. 1 vol. in-18 jésus, édit. de luxe. . . . . 3 fr.

NINIE GUIGNON, par Henry de Kock, roman inédit, orné d'une
belle gravure, dessin à la Fragonard, par Sandoz, gravé par Outhwaite. 1 vol. in-18 jésus, édition de luxe. . . . . 3 fr.

LE THÉATRE DE FIGARO, par Charles Monselet. 1 volume
in-18, avec gravure, édit. de luxe.. . . . . 3 fr.

LES MÈRES COUPABLES, par Ed. Devicque, roman inédit,
avec portrait sur acier. 1 vol. in-18 jésus, édition de luxe. . . 3 fr.

CAROLINE VARNER, par E. Soldi, roman inédit, avec portrait
sur acier. 1 vol. in-18 jésus, édition de luxe.. . . . . . . 3 fr.

LE FILS DE JEAN-JACQUES, par Édouard Devicque, roman
inédit, avec le portrait de J. J. Rousseau, gravé sur acier, édition de luxe.. . . . . 3 fr.

LA CHUTE D'UN PETIT, par Henry de Kock. 1 vol, in-18
jésus avec gravures. . . . . 3 fr.

FLON, FLON, FLON, LARIRADONDAINE, par Ch. Paul
de Kock, Chansons nouvelles et Poésies inédites, avec le portrait de l'auteur, gravé sur acier par E. Leguay. 1 vol. in-18 jésus.. . . . 3 fr.

Chaque acheteur d'un de ces volumes aura le droit de prendre, moyennant 2 fr., une magnifique lithographie d'après Rosa Bonheur, sous ce titre : *Race normande*, lithographiée par J. Didier, du prix de 6 francs.

Chaque acheteur de l'un de ces ouvrages aura le droit de prendre, moyennant 5 fr., les quatre magnifiques lithographies d'après Diaz, du prix de 20 fr.

Chaque acheteur de l'un de ces ouvrages aura droit de prendre, moyennant 3 fr., les deux lithographiés d'après Ingres, du prix de 10 fr.

Chaque acheteur de l'un de ces ouvrages aura le droit de prendre, moyennant 4 fr., deux gravures d'après Plassan, gravées par E. Gervais.

1° Jeune Fille, 2° Jeune Mère; belles épreuves sur Chine, grand in-folio du prix de 5 fr. chacun.

Chaque acheteur de l'un des volumes de cette Collection aura le droit de prendre, moyennant 10 fr., l'*Histoire de la Révolution française*, par H. Castille. 4 vol. in-8 du prix de 20 fr.

Les volumes précédents forment le commencement d'une belle COLLECTION ILLUSTRÉE, format Charpentier. Chaque volume

est imprimé avec luxe, filets en tête, orné d'une belle gravure sur acier.

Cette Collection sera recherchée par les amateurs autant pour le contenu que pour les gravures. On voudra la conserver dans les bibliothèques. Nous appelons l'attention des lecteurs sur les noms des artistes qui se sont chargés de l'exécution de nos planches.

Toute personne qui achètera 10 volumes à la fois et au choix, de cette Collection, et enverra la somme de 30 fr. à l'Éditeur, recevra gratis les six belles lithographies du prix de 30 fr.

    1° **L'Amour mort**, par Diaz.
    2° **Le Génie et les Grâces**, par Diaz.
    5° **Les Présents de l'Amour**, par Diaz.
    4° **La Fée aux Joujoux**, par Diaz.
    5° **L'Angélique**. par Ingres.
    6° **Œdipe et le Sphinx**, par Ingres.

Envoyer un mandat sur la poste, à l'ordre de M. Ferd. Sarto-rius, *éditeur,* 27, *rue de Seine. Ajouter* 2 *fr. pour recevoir franco dans les départements.*

LES MÉMOIRES D'UN CABOTIN, par Henry de Kock, roman
orné d'un titre et d'une gravure sur bois. 1 vol. in-18 jésus. (Faure, éditeur.). . . . . 3 fr.

LA VOLEUSE D'AMOUR, par Henry de Kock, roman orné de
gravures sur bois. 1 vol. in-18 jésus (Faure, édit.). . . . . . 3 fr.

LA NOUVELLE MANON, par Henry de Kock, roman inédit, avec
grav. sur acier. 1 vol. in-18 jésus (Faure, édit.). . . . . . . 3 fr.

LES ACCAPAREUSES, par Henry de Kock, roman orné d'une
gravure sur bois. 1 vol. in-18 jésus (Faure, édit.). . . . . . . 3 fr.

L'AMOUR BOSSU, par Henry de Kock, roman avec une eau-forte
de Flameng. 1 vol. in-18 jésus (librairie Centrale, édit.). . . 3 fr.

LES COMPAGNONS DE LA MORT, par Charles Ribeyrolles
(révolte de Masaniello, en 1647). précédé d'une préface sur l'auteur, par F. Dabadie. 1 vol. in-18 jésus. . . . . 3 fr.

L'AGENT MATRIMONIAL, par Jules Sarrotte, roman inédit
avec préface. 1 vol. in-18 jésus. . . . . 3 fr.
    Sous presse. du même auteur, les Femmes d'argent.

LES ROMANS PARISIENS, par Arsène Houssaye, édition de
luxe. 1 vol. in-18 jésus. . . . . 3 fr.
    Sommaire : La Vertu de Rosine. — Le Repentir de Marion. — Le Valet de Cœur et la Dame de Carreau. — Madame de Beaupréau. — Le treizième convive.

UN MARIAGE SCANDALEUX, par ANDRÉ LÉO, roman. 1 vol.
in-18 jésus (Faure, édit.). . . . . 3 fr.

LES CAPRICES DU BOUDOIR, par ARMAND RENAUD, auteur
de *la Griffe rose*. 1 vol. de luxe. (Poésies.). . . . . 3 fr.

LES AMOURS DE HENRY IV, par M. DE LESCURE. Un beau et
fort vol. in-18 jésus, avec 4 charmants portraits (Faure, édit.). 4 fr.

POÉSIES COMPLÈTES DE PLACIDO, GABRIEL DE LA CON-
CEPCION VALDÈS, traduites de l'espagnol par D. FONTAINE, avec une
préface de LOUIS JOURDAN. 1 beau volume in-8. . . . . . . 5 fr.

> Ce sont les fleurs d'un esprit sans culture,
> Telles que les donnent les champs de ma patrie,
> Riches de parfums, de couleurs, de beauté.
> PLACIDO.

Le malheureux PLACIDO, le plus grand poëte de la race hispano américaine,
ainsi que dit M. JOURDAN dans sa préface, fut fusillé le 28 juin 1844, à Cuba.
Ses poésies, traduites pour la première fois en français, ont eu un grand et
légitime succès dans son pays. (Voir la préface de M. Jourdan.).

LES FEMMES QU'ON AIME, par le baron F. DE REIFFENBERG fils.
1 vol. in-18 jésus, impression de luxe. . . . . 2 fr.

SOMMAIRE : Ce que c'est qu'une maîtresse. — La femme qu'on aime. —
Quand on est myope. — Qui paye ses dettes s'enrichit. — Un cadeau de
fiançailles. — Tout chemin mène à Rome. — Une maîtresse de mélodrame.
— Ah! que l'amour est agréable. — Une soirée de garçons. — La maîtresse
morte.

LE TESTAMENT DE PIERRE TALBERT, par LÉON MANCY
(JULES ROUQUETTE), roman. 1 vol. in-18 jésus. . . . . 2 fr.

LE DESSUS DU PANIER, par BÉNÉDICT-HENRY RÉVOIL. Contes
et Nouvelles. 1 vol. in-18 jésus. . . . . 2 fr.

SOMMAIRE : L'île fantôme. — Un drame sur l'Océan. — Une histoire mer-
veilleuse. — Le fournisseur de la mort. — La Maison des fous. — Le Voile
noir. — Les Trois boutons de diamant. — Les Fils du pêcheur. — La Maison
romaine.

JEANNE DE BRÉGONNES, par RAOUL OLLIVIER. Esquisse. 1 vol.
in-18, édition de luxe. . . . . 2 fr.

SOUVENIRS DE SUISSE, par A. CAMINADE CHATENAY, Nouvelles,
suivis de *Autres temps, autres mœurs*, comédie de salon en 3 actes
et en vers. 1 vol. in-18 jésus. . . . . 2 fr.

SOMMAIRE : Lisbeth. — Einsiedeln. — La Vallée de Goldau. — Autres temps,
autres mœurs.

LE MASQUE DE VELOURS, par ANGELO DE SORR, roman inédit
suivi de la *Ruche nontronaise*. 1 vol. in-18 jésus, édit. de luxe. 2 fr.

LA VIE DE GARNISON, par le baron Frédéric de Reiffenberg.

1 vol. in-18 jésus, avec le portrait de l'auteur gravé sur acier. Édit.
de luxe. . . . . 2 fr.

SOMMAIRE : Demi-appel. — La vie de garnison. — Au service d'un cheval.—
La camaraderie de l'absinthe. — Garçon! l'Annuaire? — Pourquoi nous por-
tons des moustaches. — Le chapitre des Anglais. — La goutte militaire. —
Les buveurs d'encre. — De garde au drapeau. — A la cantine. — Les lous-
tics. — Les amphibies. — Rimes guerrières.

PETIT THÉÂTRE DE SALON, par Émile Delacnay. 1 volume

in-18 jésus. . . . . 2 fr.

SOMMAIRE : Il ne faut tenter personne, proverbe en 1 acte, 3 personnages.—
Les Cordonniers de madame d'Ervilly. petit tableau. 6 personnages. — Une
Bouderie, bluette en un acte et en vers, 4 personnages. — L'habit ne fait pas
le moine, opérette-proverbe en 1 acte, musique de M. A. Prévost-Rousseau,
5 personnages. — Il ne faut pas mettre tous ses œufs...., proverbe en 1 acte,
6 personnages. — Un Prince allemand, fantaisie, musique de M. A. Prévost-Rousseau. 4 personnages.

Toutes ces pièces ont été jouées dans les théâtres de salon. — Elles sont
faciles à monter et procureront beaucoup d'amusement aux dilettantes.

BLANCHE D'ORBE, par H. Castille, roman, précédée d'un Essai

sur Clarisse Harlowe et la Nouvelle Héloïse. 2 vol. in-18 raisin. 2 fr.

CHARLOTTE DE CORDAY, par Henry de Monteyremar. Étude

historique avec documents inédits. 1 vol. in-18 jésus. . . . 2 fr.

ÉTUDES ET VOYAGES, par Fernand Lagarrigue. Paris. — Bel-

gique. — Hollande. 1 vol. in-18. . . . . 2 fr.

LES MÉRIDIONAUX, par Fernand Lagarrigue. Galerie des con-

temporains : Roumanille. — Jules Brisson. — Azaïs. — Vingtrinier.
— Sause-Villiers. — Charles Dupoucy. 1 vol. in-32. . . . . . 1 fr.

AVENTURES IMAGINAIRES. par H. Castille. 1 vol. in-18 rai-

sin, 2e édition, revue et augmentée. . . . . 1 fr.

SOMMAIRE : Michel et Désirée. — Tableau de Famille. — Le Fond de Beauté.
— La Fille d'un Ministre. — Esquisses au fusain. — Robert et Pauline.

SOUS PRESSE

LA FÉE AUX AMOURETTES, par Henry de Kock, roman

inédit, avec une jolie vignette sur acier. 1 vol. in-18 jésus, édit. de luxe.

LE PLAISIR ET L'AMOUR, par Charles Monselet. 1 vol.

in-18 jésus, avec le portrait de l'auteur.

LE SENTIER AUX PRUNES, par Ch. Paul de Kock, roman

inédit, avec une jolie vignette sur acier. 1 vol. in-18 jésus.

NOUVELLE COLLECTION IN-32

AVEC GRAVURE EN TÊTE A 1 FR. LE VOLUME

CE QUE C'EST QU'UNE ACTRICE, par le baron Fréd. de Reiffenberg, avec le portrait de Mlle Clairon. 1 vol. in-32. . . . 1 fr.

UN NOYÉ, par Gourdon de Genouillac, avec le portrait de Mme Gallois. 1 vol. in-32. . . . . 1 fr.

LES DEUX DESTINÉES, par A. Labutte, avec le portrait d'Adrienne. 1 vol. in-32. . . . . 1 fr.

MADEMOISELLE TROIS ÉTOILES, par Albert Blanquet, roman inédit. 1 vol. in-32, avec gravure sur acier. . . . . . 1 fr.

JE T'AIME, par Henry de Kock, roman inédit. 1 vol. format in-32, avec gravure. . . . . 1 fr.

L'AMOUR QUI TUE, par Bénédict-Henry Révoil, roman avec gravure. 1 vol. in-32. . . . . 1 fr.

LES CHEVEUX DE MELANETTE, par Angélo de Sorr, roman suivi de *l'Allée close* et *le Fauteuil de la Grand'mère*, avec le portrait de Melanette. 1 vol. in-32. . . . . 1 fr.

UN CŒUR DE CRÉOLE, par Ch. Diguet, nouvelle suivie de *Viola*, avec une jolie vignette sur acier. 1 vol. in-32. . . . . 1 fr.

LE ROMAN D'UN JOCRISSE, par Henry de Kock, roman inédit, avec vignette. 1 vol. in-32. . . . . 1 fr.

LE DERNIER BAISER, par Jules Claretie, roman inédit, avec vignette. 1 vol. in-32. . . . . 1 fr.

UN HOMME LÉGER, par Ange de Keraniou, roman inédit, suivi de *Paula*, avec une jolie gravure. 1 vol. in-32. . . . . 1 fr.

QUATRE HEURES TROIS QUARTS, par A. de Launay, roman avec vignette. 1 vol. in-32. . . . . 1 fr.

LES MAUVAISES LANGUES, par Alfred Sirven, roman avec 25 vignettes sur bois. 1 vol. in-32. . . . . 1 fr.

HISTOIRE, VOYAGES, DIVERS

HISTOIRE DE LA RÉVOLUTION FRANÇAISE, par HIP-
POLYTE CASTILLE. — États généraux, Constituante, Convention, Directoire (1788-1800). — Ouvrage complet en 4 vol. in-8. . . . 20 fr.

LA REVUE DE L'EXPOSITION UNIVERSELLE, par
E. GONGES. 1 gros vol. in-18 de 1400 pages avec 20 gravures.   10 fr.
   Ce volume contient le résumé le plus exact de cette mémorable Exposition
de 1855. — Toute l'industrie est passée en revue, les Beaux-Arts sont traités
d'une manière supérieure. — La *Revue de l'Exposition* raconte tous les faits
intéressants qui se sont passés pendant sa durée : Guerre de Crimée, Incen-
die de la Manutention, etc., etc., etc. — Nous pouvons donc dire que ce
volume est un souvenir fidèle dont le charme est encore augmenté par
les gravures qu'il contient. — Une grande planche représente les Champs-
Élysées à cette époque.

L'EMPIRE DU BRÉSIL, par V. L. BARIL, comte DE LA HURE.
Monographie complète de l'Empire sud-américain, ouvrage dédié à
S. M. Dom Pedro II, et orné d'un magnifique portrait de ce souverain.
1 vol. in-8. 600 pages. . . . . 10 fr.

HISTOIRE DE LA TRANSFORMATION DES GRANDES
VILLES DE L'EMPIRE, par AUGUSTE DESCAURIET, sous-chef
au ministère de l'intérieur. Paris-Lille. 1 fort vol. in-8. . . 7 fr. 50

SOUVENIRS ET RÉCITS DE VOYAGES, les Alpes françaises
et la haute Italie, par L. B. DE MERCEY. 1 beau vol. in-8. . 7 fr. 50

LE MEXIQUE. par V. L. BARIL, comte DE LA HURE. Résumé géo-
graphique, statistique, industriel, historique et social, à l'usage des
personnes qui veulent avoir des notions exactes, récentes et précises
sur cette contrée du nouveau monde. 1 vol. in-8. . . . . . . 5 fr.

LES TURCS ET LA TURQUIE CONTEMPORAINE, par
B. NICOLAIDY, capitaine du génie au service de la Grèce, chevalier-
commandeur de plusieurs ordres, etc. Itinéraire et compte rendu de
voyages dans les provinces ottomanes, avec une carte détaillée, 2 vol.
in-18 jésus. 7 fr.

HISTOIRE DE L'ART EN FRANCE, par POUSSIN, FÉLIBIEN,
MIGNARD, WINCKELMANN, DIDEROT, DELÉCLUSE, VITET, F. DE MERCEY,

A. Houssaye, Jules Janin, etc., etc. Recueil raisonné et annoté de tout ce qui a été écrit et imprimé sur la peinture, la sculpture, l'architecture et la gravure françaises, depuis leur origine jusqu'à nos jours. 1 vol. in-8. . . . . 5 fr.

A TRAVERS L'AMÉRIQUE DU SUD, Par F. Dabadie. 1 vol. in-18 jésus. 2e édition. . . . . 3 fr. 50

SOMMAIRE : Rio-Janeiro et ses environs. — Les Esclaves au Brésil.—Jacques Arago et l'empereur Dom Pedro II. - Le Misanthrope de Mato-Grosso. — Une Élégie au cap Horn. -- Superstitions maritimes. — Les curiosités de Lima. — Les Liméniennes. — Les Brigands du Pérou. — Le poëte des Andes. — Les Moines de l'Amérique méridionale. — Une Excursion dans la province d'Esméralda. — Souvenirs de la Plata.

RÉCITS ET TYPES AMÉRICAINS, par F. Dabadie, 1 volume in-18 jésus. 400 pages. . . . . 3 fr. 50

SOMMAIRE : Les Moustaches d'Antonio. — Les Tribulations de saint Antoine. Un Ma-caté chez les Botocudos. — Sang et or. — La fièvre jaune s'amuse.— Les Aventures d'Oscar. — L'Eldorado. — Garibaldi dans l'autre monde. — Types : Le Callavaya. — Les Corybantes. — Boliviens. — Les Tailleurs de la Paz. — Le Sébastianiste. — Le Mendiant de Rio-Janeiro. -- Les Chasseurs d'Onas. — Les faux Messies. — Les Indiens du Chaco. — L'Aguador de Lima. — Le Robona. — Le Montanero. — Le premier Mormon.

LA NOUVELLE CALÉDONIE ET SES HABITANTS, par le Dr Victor de Rochas, chirurgien de la marine impériale, membre de la Société de géographie, etc. Productions, Mœurs, Cannibalisme. 1 vol. in-18 jésus. 520 pages. . . . . 5 fr.

Cette colonie océanienne, l'une des plus récentes acquisitions de la France, a été proposée aux Chambres pour servir de pénitencier en remplacement de Cayenne.

MANUEL DES PRINCIPALES VALEURS ESPAGNOLES sur le marché français, par M. Fontaine. 1 vol. in-18. . . . . 3 fr.

FRANÇAIS ET ARABES EN ALGÉRIE, par Ferd. Hugonnet, auteur des *Souvenirs d'un chef de bureau arabe.* 1 volume in-18 jésus. . . . . 2 fr. 50

SOMMAIRE : Lamoricière. — Bugeaud. — Abd-el-Kader. — Daumas, etc., etc.

LES SUICIDÉS, par F. Dabadie. Biographie des personnages remarquables de tous les pays qui ont péri volontairement depuis le commencement du monde jusqu'à nos jours. 1 v. in-18 jésus. 2 fr. 50

LE PARFAIT DOUANIER, civil et militaire, par un vétéran de l'Administration. . . . . 2 fr. 50

HISTOIRE ET CONQUÊTES DE L'ESPAGNE, depuis l'occupation des Maures jusqu'à nos jours, par le baron Edouard de Septenville. 1 vol. in-18 jésus. . . . . 2 fr. 50

LES ANOMALIES DE LA LANGUE FRANÇAISE, ou la

nécessité démontrée d'une révolution grammaticale, par Léger Noël.
1 vol. in-8.. . . . . 2 fr. 50

ABOLITION DE LA SUCCESSION COLLATÉRALE par

J. Juteau, avocat à la Cour imp. de Paris, broch. de 4 feuilles. 1 fr. 50

LECTURES PUBLIQUES ET EXPOSITIONS PERMA-
NENTES, par Pierre Mazerolle. Brochure in-18.. . . 1 fr. 25

L'objet de cet écrit. essentiellement pratique. est le *Placement des OEuvres
inédites*, pour les Beaux-Arts en général, les Inventions, les Sciences et les
Lettres, — c'est-à-dire consiste dans l'exposé de moyens propres à atteindre
infailliblement ce but, dont la recherche constitue l'un des problèmes les
plus obstinément débattus de nos jours. Le Système exposé résout du même
coup la question pour Paris et pour la Province, c'est-à-dire résout d'une
manière simple et pratique le problème de la Décentralisation intellectuelle.

LES ESCLAVES TSIGANES dans les principautés danubiennes,

par Alfred Poissonnier, avec une préface par M. Ph. Chasles. 1 vol.
in-8.. . . . . 1 fr.

NAPOLÉON III EN ITALIE, par Jules Richard Deux mois de

campagne. — Montebello. — Palestro. — Turbigo. — Magenta. —
Marignan. — Solferino. 1 vol, in-18. . . . . 1 fr.

LES RÉGIMENTS DE FER, par le baron Frédéric de Reif-

fenberg, chevalier de la Couronne de chêne. 1 vol. in-8.. . . . 1 fr.

Sommaire : Origine de la grosse cavalerie en France. — Cavaliers et Piétons
— Le Casque et la Cuirasse. — L'Apprentissage des armes. — L'Emploi des
armes à feu dans la cavalerie. — Les Cuirassiers. — La Journée du Cavalier.

ÉTUDE SUR LES VARIATIONS DE L'ESCOMPTE, par

Auguste Terrière, employé au Trésor de la Couronne. Dédié à M. le
comte de Germiny, gouverneur de la banque de France. Brochure
Prix. . . . . 1 fr

JÉSUS DANS L'HISTOIRE, par Ernest Havet. Examen de la

Vie de Jésus, par Ernest Renan. 1 vol. in-18 jésus. . . . . . 1 fr

Extrait de la *Revue des Deux-Mondes*, revu et augmenté d'une préface et
d'une réponse à Mgr l'évêque de Nîmes (H Plantier), qui venait de faire
paraître un écrit intitulé : *Un panégyriste de M. Renan. Let r pastorale de
Monseigneur l'érêque de Nîmes contre un article de la Revue des Deux-Mondes.*

LA LOI SUR LA CHASSE, expliquée aux chasseurs, aux gardes

champêtres et aux agriculteurs. par M Charles Viel, avocat à la Cour
impériale de Paris, attaché à la division de la sûreté publique au ministère de l'Intérieur. 1 vol. in-18. Prix. . . . . 75 cent.

C'est un livre excellent, un livre utile que celui que nous publions sous
ce titre. L'auteur, on ne peut plus compétent en cette matière, a puisé aux
meilleures sources de la jurisprudence et de la réglementation administra-
tive. Son livre est donc le meilleur guide pratique offert à toutes les per-

sonnes intéressées à bien connaître la loi sur la chasse. Il est divisé en quatre titres qui traitent savoir :

Le premier titre, de la loi de 1844 dans son ensemble, de la conservation des oiseaux utiles à l'agriculture, des arrêtés des préfets sur les chasses exceptionnelles, des infractions, du mode de poursuites et de beaucoup d'autres questions intéressantes; le second titre, de la jurisprudence en matière de chasse; le troisième titre, de la louveterie; le quatrième, de la chasse dans les propriétés de la couronne et dans le domaine privé.

Ajoutons que ce même livre contient une discussion très-développée sur la question des oiseaux utiles à l'agriculture.

POËMES ET POÉSIES MILITAIRES, par le baron Frédéric DE REIFFENBERG. Brochure in-8. Prix.. . . . . 50 c.

I. La Plume et l'Épée. — II. L'étendard des Carabiniers.

DICTIONNAIRE GÉNÉRAL DE LA POLITIQUE, par

M. MAURICE BLOCK, avec la collaboration d'hommes d'État, de publicistes et d'écrivains de tous les pays. Imprimé chez veuve Berger-Levrault et édité par O. Lorenz. 2 gros vol. gr. in-8. Prix. . 40 fr,

---

DICTIONNAIRE

DE LA CONVERSATION ET DE LA LECTURE

INVENTAIRE RAISONNÉ

DES NOTIONS GÉNÉRALES LES PLUS INDISPENSABLES A TOUS

Contenant alphabétiquement classés

environ 80,000 articles relatifs à l'ensemble des connaissances humaines

PAR UNE SOCIÉTÉ DE SAVANTS ET DE GENS DE LETTRES

SOUS LA DIRECTION DE M. W. DUCKETT

Seconde édition imprimée et éditée par MM. Firmin Didot frères
Seize volumes grand in-8 Panthéon littéraire, de 800 pages chacun, renfermant les 68 vol.
de la 4re édition, entièrement refondus, corrigés et augmentés
de plus de 10,000 articles tout d'actualités L'ouvrage complet est en vente

Le prix de chaque volume est de. . . . . **12 fr. 50**
L'ouvrage contient seize volumes et coûte. . . . . **195 fr.**

LE

SUPPLÉMENT AU DICTIONNAIRE DE LA CONVERSATION

est sous presse; il formera *trois* volumes et maintiendra l'ensemble de l'ouvrage au niveau des connaissances actuelles. — EN VENTE le tome Ier. Prix : 12 fr. 50.

S'adresser à M. F. SARTORIUS, éditeur, 27, rue de Seine, pour les facilités de payement.

PORTRAITS POLITIQUES ET HISTORIQUES

PAR H. CASTILLE

Prix de chaque volume. . . . . **50** centimes.

PREMIÈRE SÉRIE

Napoléon III.

Alexandre II.

Le général Cavaignac.

La duchesse d'Orléans.

Le marquis Delcaretto ex-ministre du roi de Naples.

Drouyn de Lhuys.

Ledru-Rollin.

Palmerston.

Montalembert.

Louis Blanc.

Manin, ex-président de la République de Venise.

Saint-Arnaud et Canrobert.

Michelet.

Espartero et O'Donnell.

Victor Hugo.

Talleyrand.

A. Blanqui.

Metternich.

Louis-Philippe.

Frédéric-Guillaume, roi de Prusse.

Lamennais.

Le comte de Chambord.

Madame de Staël.

Changarnier.

Benjamin Constant.

Le prince A. Ghika.

Chateaubriand.

Béranger.

M. Thiers.

Armand Carrel.

Lamartine.

Reschid-Pacha.

Paul-Louis Courier.

La duchesse de Berry.

Napoléon 1er. 2 vol.

Le général Lamoricière.

Jules Favre.

Pie IX.

Émile de Girardin.

Proudhon.

La Fayette.

La reine Victoria.

Edgard Quinet.

Oscar 1er, roi de Suède.

Casimir Périer.

Les Débats.

La Presse.

Le Siècle.

DEUXIÈME SÉRIE

Le maréchal Pélissier.

Le père Enfantin.

Le prince Napoléon Bonaparte.

Les princes de la Famille d'Orléans : Le prince de Joinville et le duc d'Aumale.

M. Berryer.

M. de Morny.

M. Villemain.

Le maréchal Bosquet.

Ferdinand II, roi de Naples.

Le comte de Cavour.

Les chefs de corps de l'Armée d'Italie.

Garibaldi.

Louis Kossuth

Victor-Emmanuel II, r. de Piémont.

L'Impératrice Eugénie.

Le prince Jérôme Bonaparte.

M. Baroche.

M. Mocquart.

Mazzini.

François-Joseph.

Léopold 1er.

Mgr Dupanloup.

Vicomte de la Guéronnière.

Achille Fould.

Rouland.

Antonelli.

Pimodan.

Le père Félix.

Ratazzi.

BEAUX-ARTS

LE SALON

COLLECTION DE GRAVURES ET LITHOGRAPHIES D'ART

D'APRÈS

MM. DELACROIX, MULLER, TROYON, DIAZ, BONVIN, ROQUEPLAN
F, DE MERCEY, MEISSONIER, ROSA BONHEUR, ETC.

Prix : 1 fr. 25 cent. la feuille

1. **L'Appel des condamnés**, gravé par M. E. Hédouin, d'après Muller.
2. **L'École des Orphelines**, gravée par Masson, d'après Bonvin.
3. **L'Abreuvoir**, lithographié par J. Laurens, d'après Troyon.
4. **La Solitude**, lithographiée par J. Laurens, d'après J. Dupré.
5. **Une Vénus et deux Amours**, lithographiés par J. Laurens, d'après Diaz.
6. **L'Innocence en danger**, lithographiée par J. Laurens, d'après Diaz.
7. **Lavandière**, gravée par Masson, d'après Tesson.
8. **La Vénus à la Rose**, lithographiée par J. Laurens, d'après Diaz.
9. **Le Concert**, gravé par Carey, d'après Chavet.
10. **Une Odalisque**, lithographiée par J. Laurens, d'après Baron.
11. **Un Métier de Chiens**, gravé par Masson, d'après Stevens.
12. **La Ferme**, lithographiée par Anastasi, d'après Dupré.
13. **Le Fumeur**, lithographié par J. Laurens, d'après Decamps.
14. **Les Paysannes**, gravées par Masson, d'après Roqueplan.
15. **Les Animaux dans la montagne**, lithographiés par J. Laurens, d'après Rosa Bonheur.
16. **L'Éducation du Geai**, gravée par Carey, d'après Guillemin.
17. **La Mort de Montaigne**, lithographiée par J. Laurens, d'après Robert Fleury.
18. **La Paix**, lithographiée par J. Laurens, d'après Boulanger.
19. **Paysage en Normandie**, lithographié par J. Laurens, d'après de Mercey.
20. **Vénus armant l'Amour**, lithographiée par Braquemont, d'après Guichard.
21. **Les Rayons et les ombres**, lithographiés par J. Laurens, d'après Victor Hugo.
22. **Venus endormie**, lithographiée par J. Laurens, d'après Diaz.
23. **Le massacre de Scio**, gravé par Masson, d'après Delacroix.
24. **Desdemona**, lithographiée par J. Laurens, d'après Delacroix.
25. **Groupe de chiens**, lithographié par J. Laurens, d'après Diaz.
26. **Chevreuils dans un fourré**, lithographiés par J. Didier, d'après Rosa Bonheur.
27. **Jument poulinière**, lithographiée par J. Didier, d'après Rosa Bonheur.

28. **Animaux au pâturage**, lithographiés par J. Laurens, d'après Troyon.

29. **Une rue à Marlotte**, lithographiée par J. Laurens, d'après J. Didier.

50. **Les Gorges d'Apremont** (forêt de Fontainebleau), lithographiées par J. Laurens, d'après A. Desgoffe.

31. **Le Chemin des lagunes** (landes de la Gironde), lithographié par J. Didier, d'après C. Marionneau.

52. **Mendiants grecs** (Morée), lithographiés par J. Laurens, d'après A. de Curzon.

55. **Souvenir du lac de Némi**, lithographié par J. Laurens, d'après Cabat.

54. **Méditation** (Moine en prière, paysage), lithographié par J. Laurens, d'après A. Desgoffe.

55. **Un Rêve d'amour**, lithographié par J. Didier, d'après Tassaërt.

36. **Charles IX chez son armurier Ziem**, lithographié par J. Laurens, d'après E. Isabey.

57. **Les Bons Amis**, gravés par Braquemont, d'après Decamps.

58. **Pâturage en Normandie**, lithographié par J. Laurens, d'après Troyon.

59. **Animaux au repos**, lithographiés par J. Laurens, d'après Palizzi.

40. **Loin du monde**, lithographié par Pirodon, d'après Antigna.

41. **Insouciance**, lithographiée par Duclos, d'après Guillemin.

42. **Caroline Varner** (portrait), gravure de F. Delanoy, d'après Sandoz.

43. **Dom Pedro II**, empereur du Brésil), gravure par Colin,

44. **Indiscrétion**, lithographiée par A. Lemoine, d'après Chaplin.

GRANDES PLANCHES, PRIX FORT : **5** FR. CHACUNE

1. **Vénus pleurant l'Amour mort**, lithographiée par J. Laurens, d'après Diaz.

2. **Le Génie et les Grâces**, lithographiés par J. Laurens, d'après Diaz.

5. **Les Présents de l'Amour**, lithographiés par J. Laurens, d'après Diaz.

4. **La Fée aux Joujoux**, lithographiée par J. Laurens, d'après Diaz.

5. **Angélique attachée au rocher**, lithographiée par Sudre, d'après Ingres.

6. **Œdipe consultant le Sphnix**, lithographié par Sudre, d'après Ingres.

7. **Race normande**, lithographiée par J. Didier, d'après Rosa Bonheur.

8. **Jeune fille**, gravure de E. Gervais, d'après Plassan.

9. **Jeune Mère**, gravure de E. Gervais, d'après Plassan.

10. **Le Liseur**, gravure de E. Gervais, d'après Meissonier.

AVIS. Les 44 feuilles du *Salon* forment un magnifique *Album* que l'éditeur se charge de faire relier en demi-chagrin sur onglets moyennant la somme de 20 fr.

Prix des feuilles..........	**55 fr.**
Reliure..............	**20** »
Prix de l'Album..........	**75 fr.**

Les amateurs qui prendront l'*Album du Salon*, moyennant soixante-quinze francs, recevront **gratis** les grandes planches, nos 1 à 10, du prix de 50 francs.

L'Éditeur fera une diminution aux personnes qui renonceraient à la **Prime**.

COLLECTION DE 24 EAUX-FORTES PAR CH. JACQUE

Paraissant le 15 de chaque mois, à partir de décembre 1863, par liv. de 2 sujets

Ces planches, tirées avec le plus grand soin sur magnifique papier quart colombier chine, forment un beau Porte-feuille de sujets variés, *Figures*, *Animaux*, *Paysages*, *Fleurs*, etc.

Tout souscripteur aura droit à une prime consistant en une belle épreuve du grand sujet intitulé **LE PRINTEMPS**, lithographié par **MOUILLERON** et **JACQUE**, et à un Porte-feuille destiné à recevoir les épreuves au fur et à mesure de leur apparition.

CONDITIONS DE LA SOUSCRIPTION. — Le prix de la souscription des 24 sujets, avec le Portefeuille et la prime, est de **30 fr.** pour Paris et **36 fr.** pour les départements. La prime se vend **8 fr.**, prise à part, et ne sera donnée que pendant la durée de la Souscription, qui sera close le 1ᵉʳ *octobre* 1864. Les épreuves de la collection se vendent de **1 fr. 50** à **5 fr.**, suivant l'importance de la planche. Le Porte-feuille sera remis à domicile avec la première livraison. La collection, une fois terminée, sera portée au prix de 40 fr. pour Paris et 45 fr. pour les départements.

LISTE DES EAUX-FORTES PARUES A CE JOUR

PREMIÈRE LIVRAISON		TROISIÈME LIVRAISON	
1. Tir à la Bécasse	2 fr.	5. Le Repos	2 fr.
2. 1ʳᵉ leçon d'équitation	3 »	6. Le Labourage	2 »
DEUXIÈME LIVRAISON		QUATRIÈME LIVRAISON	
3. Le Printemps	3 »	7. L'arrivée au champ	3 »
4. La Pastorale	3 »	8. La Pêche au vif	2 »

GALERIE DES FEMMES DU XVIIIᵉ SIÈCLE

(DAMES DE COUR ET COMÉDIENNES)

MAGNIFIQUE ALBUM DE 20 PORTRAITS GRAVÉS SUR ACIER
Tirés sur demi-colombier et sur chine

1. Duchesse de Bourgogne.	11. Mˡˡᵉ Gaussin.
2. Adrienne Lecouvreur.	12. Mˡˡᵉ Guimard.
3. Mᵐᵉ de Parabère.	13. Mˡˡᵉ Camargo.
4. Duchesse de Berry.	14. Sophie Arnould.
5. Duchesse de Chateauroux.	15. Mˡˡᵉ Clairon.
6. Mᵐᵉ de Tencin.	16. Mᵐᵉ Lebrun.
7. Mᵐᵉ de Pompadour.	17. Marie-Antoinette.
8. Mᵐᵉ Dubarry.	18. Mᵐᵉ Elisabeth.
9. Mᵐᵉ de Warrens.	19. La Princesse de Lamballe.
10. Mᵐᵉ Duchatelet.	20. Mᵐᵉ Récamier.

Prix : 25 francs

Il ne reste qu'un petit nombre d'exemplaires de cette belle collection des vingt portraits de femmes du XVIIIᵉ siècle. Les amateurs sont donc priés de se hâter.

LITTÉRATURE ANGLAISE

STANDARD AUTHORS

SMITH, ELDER & CO.'S SHILLING SERIES

OF

STANDARD WORKS OF FICTION

READY

1. **Confidences**. By the Author of "Rita."
2. **Erlesmere**; or, Contrasts of Character. By L. S. Lavenu.
3. **Nanette and her lovers**. By Talbot Gwynne, Author of " The School for Fathers," etc.
4. **The life and death of Silas Barnstarke**. By Talbot Gwynne.
5. **Rose Douglas**; the Autobiography of a Scotch Minister's Daughter.
6. **Tender and true**. By the Author of " Clara Morison."
7. **Gilbert Massenger**. By Holme Lee.
8. **My lady**; A Tale of Modern Life.
9. **Thorney Hall** : A Story of an Old Family. By Holme Lee.
10. **The cruelest wrong of all**. By the Author of "Margaret ; or Prejudice at home.
11. **Lost and won**. By Georgiana M. Craik.
12. **Hawksview** : A Family History. By Holme Lee.
13. **Cousin Stella**. By the Author of " Violet Bank."
14. **Florence Templar**. By Mrs. Vidal.
15. **Highland Lassies** : or, The Roua Pass. By Erick Mackensie.
16. **Wheat and tares**.
17. **Amberhill**. By Barrowcliffe.
18. **Young Singleton**. By Talbot Gwynne.
19. **A Lost Love**. By A. Owen.
20. **My First Season**. By the Author of Charles Auchester.
21. **The White house by the sea a Love Story**. By M. Betham Edwards.
22. **The Eve of Saint-Mark** : a Romance of Venice. By Thomas Doubleday.
23. **Arrows in the Dark**. By the Author of " Said and Done."
24. **Adrian l'Estrange** : or, " Moulded out of Faults."
25. **The Cotton Lord**. By Herbert Glyn.

Volumes cartonnés à l'anglaise à 2 1/2 sh.

Lavinia. By the author of " Lorenzo Benoni " et " Doctor Antonio. "

Against Wind and Tide. By Holme Lee.

Jane Eyre. By Charlotte Bronte.

Shirley. By Charlotte Bronte.

Villette. By Charlotte Bronte.

Wuthering Heights and Agnes Grey. By Émily and Anne Bronte. With Preface and Memoirs of the Sisters. By Charlotte Bronte.

The Tenant of Wildfell Hall. By Anne Bronte.

The Professor. To which are added the poems of Currer, Ellis, and Acton Bell. Now first collected.

The life of Charlotte Bronte. By Mrs. Gaskell.

Sylvan Holt's Daughter. By Holm Lee. Author of " Against Wind and Tide, " " Kathie Brande, " etc.

Transformation : or, the Romance of Monte Beni. By Nathaniel Hawthorne. Author of the " Scarlet Letter, " etc.

Autobiography of Leigh Hunt. Edited by his Eldest Son.

Kathie Brande : The Fireside History of a Quiet Life. By Holme Lee.

Lectures on the English humorists. By W. M. Thackeray. Esq.

The Town : its Memorable Characters and Evends. By Leigh Hunt. Post 8vo. Forty-five Wood Engravings.

Tales of the colonies; or, the Adventures of an Emigrant. By the late C. Rowcroft, Esq.

Deerbrook; a Tale of English Country Life. By Harriet Martineau.

Romantic Tales. By the Author of " John Halifax. "

Domestic Stories. By the Author of " John Halifax. "

After Dark. By Wilkie Collins.

Below the surface. By Sir A. H. Elton, Bart.

The Political Economy of Art. By John Ruskin.

THE CORNHILL MAGAZINE. Prix 1 sh. Chaque mois une livraison de 130 pages avec 4 gravures sur bois.

Abonnements : Pour six mois, 9 fr.; pour un an, 16 fr. 50. Chez Ferd. Sartoriu 27, rue de Seine.

QUELQUES EXTRAITS DE REVUES

M. le comte de la Hure vient de publier une excellente monographie de l'empire sud-américain, ouvrage neuf en son genre. Le livre est intitulé l'*Empire du Brésil*, et il contient près de huit cents pages in-8°. C'est une œuvre très-curieuse, à tous égards que nous devons faire connaître à nos lecteurs. L'auteur commence par constater la date précise de la découverte, l'étendue, la situation, les limites, les divisions et la population de ce vaste empire. Cette contrée mesure quatre mille kilomètres de longueur et trois mille cinq cents kilomètres de sa plus grande largeur. Sa superficie totale est de sept millions cinq cent seize mille huit cent quarante kilomètres carrés, ou plus de quatorze fois l'étendue de la France.

M. le comte de la Hure nous apprend que le Brésil est le plus fertile de tous les pays. Les productions les plus variées s'y trouvent. Les fleuves innombrables et des vents fréquents en tempèrent agréablement la chaleur. La description qu'il fait de l'intérieur du Brésil est vraiment curieuse.

Il n'est pas de si mince détail que l'auteur ne recueille afin de former un ensemble le plus complet possible. On n'était pas encore arrivé à cette exactitude géométrique dans les renseignements sur les Etats éloignés comme le Brésil. Description des côtes de cet empire, profondeur de l'Océan près de ces côtes, phares, aspect général, climatologie, richesses minérales, végétales, naturelles; plantes cultivées, agriculture, marchandises, tribunaux de commerce, commission de la Bourse, courtiers, agents de vente publique, douanes, mesures, poids et monnaies, colonisation, provinces et villes, matières générales, etc., etc.; telles sont les données à perte de vue qu'on trouve dans le livre du comte de la Hure. Ajoutez qu'on y trouve des chapitres très-savants sur les races et sur la langue du Brésil, et nous n'aurons encore donné qu'une idée imparfaite de cette monographie qui est certainement tout ce qui a été publié de plus complet sur la matière, etc., etc.

LE MEXIQUE, par M. Baril, comte de la Hure.

On peut, sans avoir besoin de sortir de chez soi, faire, avec l'ouvrage de M. Baril, connaissance avec le Mexique, ses divisions administratives, son gouvernement, ses animaux et ses végétaux, son agriculture, son commerce et son industrie; enfin avec ses finances, son armée et sa marine : tel est le sommaire de la première des trois parties du livre. Dans la seconde, l'auteur nous retrace l'histoire du pays depuis la première apparition des Européens jusqu'à nos jours; et, dans la troisième et dernière, le gouvernement des vice-rois, la révolution et la république, les usages et les mœurs du Mexique sont successivement passés en revue avec tous les développements qu'ils comportent. Les ouvrages du genre de M. Baril pèchent souvent par le défaut d'ordre et de clarté. Ici rien de semblable par la division du sujet en trois parties chaque question, qui mérite une étude spéciale, se trouve traitée dans un cadre à part; et c'est là le mérite du livre; ces divisions se rattachent entre elles par un lien assez ferme, assez serré, pour que, sous le rapport de l'unité, l'ensemble ne laisse rien à désirer....

Son livre est, nous ne dirons pas l'un des meilleurs, mais le meilleur qui ait été écrit sur le Mexique.

LA NOUVELLE-CALÉDONIE ET SES HABITANTS, par le D' Victor de Rochas.

La Nouvelle-Calédonie est, dans le Grand-Océan, l'île la plus considérable après la Nouvelle-Zélande. Elle se trouve dans la partie équinoxiale de cette mer; elle est partagée dans toute sa longueur par une chaîne de montagnes assez élevée du haut de laquelle on aperçoit la mer à droite et à gauche, car sa largeur totale n'est guère que de dix lieues. Cette île, environnée de récifs qui rendent ses abords dangereux, aussi bien que l'abord des petites îles qui l'environnent, subit de brusques variations de température; ces variations rendent le climat désagréable. C'est de cette île que le docteur Victor de Rochas a fait une étude complète et toute particulière. Trois années durant il a vécu à la Nouvelle-Calédonie dont il visita toutes les tribus; il a donc l'avantage d'avoir vu ce dont il parle; mais outre cela il a interrogé les missionnaires de ce pays, mieux à même que personne de connaître les habitants au milieu desquels ils passent leur vie. L'ouvrage du docteur Rochas était fait, comme on le voit, dans les conditions nécessaires pour offrir tout l'intérêt possible. Dans une seconde partie plus attrayante que la première, le docteur Victor de Rochas parle des habitants de la Nouvelle-Calédonie. Après avoir fait leur portrait et énuméré leurs qualités physiques, il nous apprend leur façon de vivre et de s'habiller, nous donne des renseignements sur leur caractère, leurs passions, leur degré d'intelligence, leurs qualités et leurs défauts. Avec l'auteur nous voyons leur industrie, leurs travaux, nous savons à quel point en sont chez ces peuples sauvages les arts, les sciences et la littérature; nous étudions leur gouvernement, leur état social, nous assistons à leurs fêtes, à leurs réjouissances, et nous apprenons à connaître leur religion, leur culte et le rôle que jouent parmi eux les sorciers.

LE DÉMON DE L'ALCOVE, par Henry de Kock.

Dans ce livre M. Henry de Kock a voulu peindre l'histoire de ces amours inexplicables, qui tuent chez ceux qui les ressentent le talent, la volonté; qui suppriment toutes les nobles facultés de l'homme en les annihilant à leur profit. Dans ce roman, un artiste, un homme de talent, à l'esprit léger et inconstant, après avoir été souvent dupe de son cœur, se repose enfin dans un amour vrai, se laisse prendre par un de ces honteux attachements, et tout en maudissant sa faiblesse, rougissant de l'objet qui lui inspire cette passion, n'a pas la force nécessaire pour réagir vigoureusement contre cet entraînement, et serait perdu si un de ses amis ne le sauvait comme malgré lui. Il fallait à l'auteur une grande habileté pour faire accepter le sujet de son livre et rendre intéressant un homme assez faible pour aimer encore une femme qu'il n'estime plus. M. Henry de Kock s'est habilement tiré de ces difficultés; nous aurions bien quelques querelles de détails à lui faire, mais cela nous entraînerait trop loin, et, d'ailleurs, certains passages de ce livre sont remplis d'une morale saine et élevée.

LE THÉÂTRE DU FIGARO, par Charles Monselet.

M. Charles Monselet a recueilli dans ce livre les principaux articles publiés par lui dans le *Figaro*. Beaucoup d'esprit d'observations, fines et saisissantes, de la gaîté, voilà ce que l'on trouve dans ce livre. Voilà ce qu'on y trouve toujours dès le premier mot de la préface. Quant aux sujets, ils sont les plus divers du monde. Ce sont des études, des photographies, servons-nous des mots modernes, des scènes de mœurs prises sur le fait. Si la forme de ces récits est vive, légère, spirituelle comme une gracieuse Parisienne, si les *aventures de Monistrol*, les *prétentions de O. Planchard*, le *Testament de Barbastoul*, les *émotions d'un Bourgeois lisant son journal*, les *souffrances d'un Emprunteur*, sont choses amusantes à la superficie, il y a au fond le germe de bien des réflexions philosophiques, la peinture vraie des petits actes de nos mœurs intimes, l'initiation aux petits mystères des succès artistiques et littéraires. Le *théâtre du Figaro* dans cent ans pourra être utilement consulté par les romanciers du temps qui voudront esquisser les figures ou les mœurs du nôtre. Nous devons des éloges à M. Voillemot pour le charmant frontispice à l'eau-forte dont il a décoré le livre de M. Monselet. Cette gravure dans le goût du xviii° siècle est d'une charmante facture et d'une admirable finesse de composition.

LE FILS DE JEAN-JACQUES, par Ed. Devicque.

Ce roman, d'un véritable intérêt, charme et plaît tout à la fois. L'auteur y fait lutter son héros (le fils de Jean-Jacques), arraché brusquement aux charmes de

la vie des champs avec toutes les séductions du luxe ; séduit un moment, il est
sur le point de se laisser vaincre ; mais ce qu'il y a de bon en lui se réveille : il
fuit, laissant à d'autres la richesse, à laquelle il préfère le bonheur. Il préfère,
au souvenir posthume d'un père qui l'a tenu éloigné de lui pendant sa vie, l'amitié
de celui qui l'a recueilli et aimé depuis son enfance ; à tous les charmes et les
énivrements de la richesse, il préfère l'amour de sa fiancée, la fille de son père
adoptif. Tous les caractères des personnages du livre sont peints avec talent et
vérité, ils vivent ; celui des deux frères adoptifs est charmant et attachant ; loin
de suivre l'exemple de tous ses confrères, M. Devicque repousse les peintures qui
pourraient venir assombrir son livre. Il sait être intéressant sans violence, original
sans recherche, amusant sans grossièreté, son style, frais, original et coloré, sait
éviter la boursouflure, la sécheresse et l'afféterie.

CAROLINE VARNER, roman de mœurs intimes, par M. DAVID SOLDI, 1 vol.

Caroline Varner est une jeune Viennoise, belle comme un jour d'été, et que sa
mère a vendue aux plaisirs d'un riche banquier. Cette liaison est cachée et la
jeune fille s'éprend d'un véritable amour pour Édouard Lawenstein Un jour,
Édouard apprend la vérité, les amants se séparent et la pauvre femme, désespérée
et qui aime véritablement, se laisse entraîner, la tête perdue, sur la pente fatale
des amours réprouvés. Édouard n'a pu cependant oublier sa Caroline ; il veut la
retrouver et la poursuit, à Naples, à Florence, à Rome ; ils doivent enfin, d'un
commun accord, se réunir à Paris ; mais la Fatalité (cette Fatalité dont V. Hugo a
fait le mobile de son roman, *Notre-Dame de Paris*) rejette toujours Caroline dans
la route où sa mère l'a engagée.
Cette histoire étant authentique, on ne peut attaquer la conception romanesque
de l'auteur, et il faut bien admettre le récit tel qu'il est présenté. Ici, du moins,
la femme est toujours intéressante, je l'avoue, elle n'est point vicieuse, mais seulement entraînée.

LES MÈRES COUPABLES, par ED. DEVICQUE.

Le livre de M. Devicque se compose de deux études, puisque c'est aujourd'hui
le nom qu'on est convenu de donner à cette production littéraire. Ces deux études
n'ont d'autre lien entre elles que la parité du but et du fond. Dans la première,
un fils souffre et meurt pour ne pas être témoin de la honte de sa mère, et nous
reprocherons ici à M. Devicque le rôle qu'il fait jouer à son héros : Léonce, qui,
dans la dernière partie du récit, accuse et accable sa mère, nous paraît contre nature ; un fils ne peut accuser sa mère. La seconde partie nous plaît davantage :
ici l'héroïne se sacrifie et meurt, sans exhaler une plainte, sans faire entendre un
reproche. Le livre de M. Devicque, à part ce que nous venons d'en dire, est
soigneusement écrit, d'un style ferme et coloré ; les détails, comme l'ordonnance
générale du drame et des caractères, sont bien tracés.

CAPRICES DE BOUDOIR, par ARMAND RENAUD.

M. Renaud, un vrai poëte après les *Poëmes de l'amour*, abandonnant le rhythme
tout en conservant la poésie vraie, celle qui part du cœur, nous avait donné la
Griffe rose. Aujourd'hui, revenant à ses premières amours, il nous donne les *Caprices de Boudoir*, ce qui prouve une fois de plus la vérité du proverbe. Cette fois
le volume nouveau renferme une réunion de poëmes érotiques : la dédicace est
à Vénus ; c'est donner une idée du ton général du volume.
Ce n'est pas précisément la déesse des Amours purs que chante M. Renaud,
c'est une divinité un peu dégénérée ; sur son vêtement peut-être y trouverait-on
quelques taches : cousine germaine de la déesse des amours vrais, elle en a l'ap-
parence, non la réalité, etc., etc.

La reprise de la *Muette de Portici* a fait songer à un éditeur qu'il serait bon
de réimprimer un livre peu connu, de Charles Ribeyrolles, qui raconte la révolte
de Naples en 1647, faite par le pêcheur Mazaniello. On sait que la pièce de l'Opéra

roule sur le même thème. Les *Compagnons de la Mort* viennent donc de paraître chez Sartorius, avec une préface de Dabadie ; une préface très-bien écrite et généreusement pensée. L'auteur des *Compagnons de la Mort* ne verra pas son succès, car il vient de mourir à dix-huit cents lieues de sa patrie, au moment où il allait s'embarquer à Rio Janeiro, pour revenir en France. Il est mort de la fièvre jaune, il y a quelques mois seulement. Ribeyrolles laisse deux œuvres inachevées : un poème épique, *les Filles de Milton* et une *Histoire des Jacobins*. Deux romans sont terminés : Le *Sorcier de Rocamadour* et les *Compagnons de la Mort*, c'est ce dernier ouvrage qui vient de paraître. C'est un roman remarquable, écrit avec une puissance et une énergie rares. Voilà du neuf ! Voilà de l'intéressant et de l'utile ! Que tous ceux qui veulent être aux prises avec de nobles passions, de généreux élans, de belles idées, lisent les *Compagnons de la Mort*. Nous leur promettons qu'ils en seront satisfaits.

On cherche aujourd'hui les livres pleins d'esprit et d'*humour*, et l'on trouve rarement ce *rara avis* aujourd'hui. Le roman, *Je me tuerai demain*, de M. Henry de Kock, possède toutes ces qualités à la fois. Il est écrit avec un naturel charmant. C'est simple, gracieux et pimpant tout à la fois. On sent la main d'un ciseleur, si ce n'est d'un philosophe. Henry de Kock est d'une famille littéraire, et tel père tel fils. Le proverbe n'est juste, en littérature, que depuis que les pères auteurs ont des fils écrivains.

Je me tuerai demain n'est pas un titre, c'est un titre très-philosophique, la clef du proverbe ! Mieux vaut tard que jamais !... Un jeune homme, après un duel, se voit forcé de fuir Paris. Il doit partir à l'étranger, mais n'a pas le courage de quitter la patrie. Il se dispose à mourir, d'une mort infâme... volontaire. Un brave garçon le sauve sans le savoir, en l'emmenant dans son pays, à la campagne. Là une diversion se produit dans les idées du malheureux. Il songe bien encore à mourir, mais tous les jours il dit : *Je me tuerai demain*.

L'auteur a fort bien écrit cette histoire. C'est plein de facilité, de naturel, et de cette originalité qui est le propre de son talent.

Henry de Kock a une façon toute particulière de faire parler ses héros. Il y a là un personnage très-sympathique, — le machiniste de théâtre — qui plaît au delà de toute expression. La comédienne que tout le monde reconnaît sous le voile de Jeanne Chapron ne laisse pas que d'attirer à elle l'intérêt du lecteur. L'auteur a raison de dire que son livre est humoristique. Rien de plus plaisant, de plus gai, de plus joyeux ! Sa lecture amuse, et n'est pas sans porter ses fruits.

LE MASQUE DE VELOURS, suivi de la RUCHE NONTRONAISE, par ANGELO DE SORR.

Le nouveau roman de M. Angelo de Sorr a quelque ressemblance avec la *Dame Blanche* de M. Scribe. Dans les deux œuvres, une femme mystérieuse et fantastique se livre à des apparitions, parle, prescrit, se fait aimer de Georges Browne, chez M. Scribe, de Raoul d'Ambrès, chez M. de Sorr, et le tout se termine par un mariage entre le héros et le génie bienfaisant.

Nous pouvons revenir ici sur cet intéressant chapitre de l'histoire des peuples. Le merveilleux est un besoin ; nous n'en voulons plus, et il nous déborde, et jamais nous n'avons trouvé tant d'attrait aux fantasmagories et aux sortiléges que depuis que nous n'y croyons plus. L'épisode véridique et mystérieux sur lequel l'auteur a fondé tout le merveilleux de son roman est fort heureux, et il explique bien comment un fait réel se cache au fond de toute légende. Cet épisode est charmant et délicat, et M. de Sorr l'a dessiné avec une finesse et une élégance de bon aloi. La suite du roman est pleine aussi de morceaux très-bien réussis.

LE DESSUS DU PANIER, par M. Bénédict-Henri Révoil.

..... Ce n'est pas ainsi, je le répète, qu'il faudrait parler ; car on aurait l'air de vouloir enlever tout le merveilleux du pressentiment, et ce mari, comme bien d'autres, n'aimerait guère qu'on le ramenât à la sagesse des probabilités ; il faudrait plutôt lui conseiller de lire le conte de M. Bénédict-Henri Révoil, où il verrait la saisissante histore de l'Anglais Dalton.

Je n'ai rien dit qui ne se rapportât au *Dessus du Panier*, et cette supposition d'un mari désolé par pressentiment ne m'a été inspirée que par un des contes que renferme le volume de M. Révoil.

L'auteur a exploité le merveilleux de la manière la plus habile. Il a su frapper l'esprit de ses lecteurs sans avoir recours à ces créations, plus ridicules qu'effrayantes, de diables verts et autres semblables. Il côtoie la vraisemblance le plus longtemps qu'il peut et vous dérivez lentement jusqu'à la Fantaisie, jusqu'aux fantômes même et aux apparitions, sans que l'on puisse saisir précisément la transition du réel à l'impossible.

Il faut lire ces contes en plein midi, autrement votre sommeil en serait troublé la nuit. Dans le *Fournisseur de la Mort*, il y a certain petit squelette, tout sautant, tout chancelant, dont je me souviendrai longtemps. De tous ces os qui s'entrechoquent avec un son grêle, de tous ces mouvements secs qui ne sont plus dirigés par des muscles, il résulte une harmonie singulière qui ébranle jusqu'à la terreur le système nerveux le moins nerveux.

Toute cette fantasmagorie, toutes ces charmantes invraisemblances font que l'on prend un plaisir extrême à lire ces contes, qui sont écrits avec une exquise distinction.

L'AGENT MATRIMONIAL, par M. JULES SARROITE.

Un joli volume rose essentiellement parisien, une esquisse des mœurs à la mode, une étude sur le vif de la société qui recrute fortune et titres dans les boutiques banales des faiseurs de mariages, voilà le roman que nous venons de lire et que nous croyons pouvoir annoncer comme un des succès du jour. On ne peut s'attendre à ce que nous en fassions ici l'analyse ; en donner une idée nous est chose impossible. L'espace manque pour tracer les portraits d'Arthur de Bonnefoi, le courtier matrimonial, et de son compère, l'amateur de vieux parchemins ; de la comtesse de Lorville et d'Hélène, qui refuse de cimenter par un contrat odieux la validation de ces faux titres de l'usurier faux-gentilhomme. Joignez à cela une intrigue d'amour habilement conduite, une action pleine d'intérêt, du drame, de la comédie, et surtout de la bonne comédie de mœurs, vous aurez un ensemble qui approche des combinaisons de Balzac. Hâtons-nous de dire que nous ne comparons pas, nous constatons seulement que l'auteur appartient à une bonne école et qu'il se révèle romancier de talent et digne de son maître.

LES CHEVEUX DE MÉLANETTE, par ANGELO DE SORR.

Mélanette est une jolie poitrinaire, bien aimante et un peu capricieuse. Sa vie s'écoule tout doucement à la campagne près de son mari qui la juge une forte insignifiante petite personne. Un beau matin elle se révèle à lui sous un jour tout nouveau, elle se trouve être spirituelle, bonne, charmante en un mot. Seulement c'est une véritable sensitive ; — son mari se met à l'aimer éperdument et cet amour la tue. Il y a là une histoire un peu sentimentale où il est question fort de revenants et qui aurait certainement fait verser quelques larmes à plus d'une lectrice, si l'auteur n'y avait mis un dénouement un peu burlesque.

Le portrait de Mélanette, placé en tête du volume, représente la plus ravissante figure qui se puisse voir et explique les regrets du mari.

Mad moiselle Trois-Étoiles et les *Deux Destinées* sont deux de ces petits volumes qu'édite avec soin M. Sartorius : couverture blanche lettres de couleur, jolie gravure sur acier en tête de l'ouvrage, gravure représentant presque toujours un portrait de femme ; tout le luxe typographique est déployé pour l'ornementation de cette série de publications.

Les *Deux Destinées*, de M. Labutte, renferment en cent cinquante pages tout au plus un des plus touchants récits que j'aie jamais lus. C'est l'histoire bien simple de deux jeunes filles, deux sœurs, dont l'une, trompée par un misérable, meurt à l'âge de vingt ans, en s'efforçant de veiller, même après sa mort, sur sa sœur qu'elle laisse seule sur la terre et à laquelle sa prévoyante bonté assure un appui.

Ces pages, remplies d'une sensibilité exquise, sont profondément émouvantes et font le plus grand honneur à la plume délicate qui les a tracées.

Mademoiselle Trois-Étoiles, de M. Albert Blanquet, est aussi l'héroïne d'une histoire moins embrouillée, mais, en revanche, plus lugubre. Cette jeune fille, qu'une charmante gravure de MM. Belin et Nargeot, nous montre le visage couvert d'un masque de velours, est une énigme dont l'auteur ne nous donne qu'à moitié le mot. Sa beauté est fatale à ceux qui l'admirent et elle jure à l'un d'eux qui meurt pour elle, de n'appartenir jamais qu'à lui.......

Un autre livre qui vaut mieux que beaucoup de romans de nos jours, c'est assurément l'*Amour qui tue,* de M. Benedict-Henri Révoil. Ce petit drame est poignant au possible. Deux amants s'aiment. Il n'y a là rien que de très-naturel. Oui, mais ce qui l'est moins, c'est que la femme est mariée et qu'elle aime tout de même un autre que son mari, qu'elle l'aime sagement comme un enfant aime son frère, et qu'elle ne faillit nullement, même une minute, à cette vertu si rare de l'amour conjugal. La donnée est très-belle, et l'auteur a su la rendre avec talent. On a tant montré l'adultère effronté et triomphant depuis quelque temps, qu'il était bon de prendre la chose au rebours, et de le montrer seulement en idée..... Il est fâcheux que ce livre soit si court.

APPEL DES DERNIÈRES VICTIMES DE LA TERREUR, par MÜLLER, eau forte de M. E. HÉDOUIN.

Ce magnifique tableau de M. Muller fut le morceau capital du Salon de 1850. Jamais peintre, depuis David, n'avait obtenu un succès aussi universel, aussi incontesté; jamais aussi les hontes et les crimes des mauvais jours de la Révolution n'avaient été retracés avec plus d'énergie, d'horreur et de poésie. Les *Dernières victimes de la Terreur!* quel émouvant souvenir, et comment ne pas s'attendrir en songeant à ces infortunés qui fermèrent la longue marche funèbre des hécatombes humaines et moururent ce jour-là, alors que le lendemain devait être le 9 thermidor! Oh! les belles, les saintes, les nobles femmes! comme elles savaient mourir! Une seule, parmi elles, s'abaisse à prier ses bourreaux; c'est une actrice de la Comédie Française; et ces hommes graves et sereins, du milieu desquels se détache la tête pâle du poète immortel, André Chénier, assis à côté de mademoiselle de Coigny; et ces piques qui fourmillent, ces bonnets rouges, ces sansculottes en sabots, en carmagnole; et tout au fond, la belle princesse de Chimay qu'on entraîne, pauvre femme, à la charrette fatale! — Cette grande page historique se trouve aujourd'hui au Musée du Luxembourg.

Les personnes qui choisiront pour CENT francs, dans ce Catalogue, recevront non seulement toutes les primes annoncées, mais en outre elles jouiront d'un escompte de 10 fr. En envoyant la demande des livres ou gravures, ajouter 90 fr. en bon sur Paris. On expédie franco dans toute la France.

PARIS. — IMP. SIMON RAÇON ET COMP., RUE D'ERFURTH, 1.

www.ingramcontent.com/pod-product-compliance
Lightning Source LLC
Chambersburg PA
CBHW071950110426
42744CB00030B/731